August Ahlqvist

Über die Sprache der Nord-Ostjaken

Sprachtexte, Wörtersammlung und Grammatik, I. Abteilung

August Ahlqvist

Über die Sprache der Nord-Ostjaken
Sprachtexte, Wörtersammlung und Grammatik, I. Abteilung

ISBN/EAN: 9783744603980

Hergestellt in Europa, USA, Kanada, Australien, Japan

Cover: Foto ©Thomas Meinert / pixelio.de

Weitere Bücher finden Sie auf **www.hansebooks.com**

UEBER DIE

SPRACHE DER NORD-OSTJAKEN.

SPRACHTEXTE, WÖRTERSAMMLUNG

UND

GRAMMATIK

VON

DR. AUGUST AHLQVIST,

PROFESSOR AN DER UNIVERSITÄT ZU HELSINGFORS.

———•———

I. ABTHEILUNG.

SPRACHTEXTE UND WÖRTERSAMMLUNG.

HELSINGFORS, 1880.
IN COMMISSION BEI G. W. EDLUND.

Vorwort.

Unter *Nord-Ostjaken* versteht man denjenigen Theil der ugri-
schen Ostjaken, dessen Wohnplätze sich vom Vereinigungspunkte
des *Irtysch* und *Ob* bis zur Grenze des Samojedenlandes nördlich
von *Obdorsk* erstrecken. Das Ostjakische in diesem Gebiet unter-
scheidet sich vielfach von der Sprache der Ostjaken am Irtysch und
am mittleren Ob, welche *Castrén* untersucht und beschrieben hat,
und zerfällt in drei verschiedene Dialekte: den kondinskischen, den
beresovschen und den obdorskischen, über deren Eigenthümlichkeiten
die Grammatik Aufschluss geben wird. Zu der ziemlich eingehen-
den Untersuchung dieser Sprache haben mir die beiden Reisen Gelegenheit gegeben, welche ich in den Jahren 1858 und 1877 nach
dem Lande der Ostjaken und Wogulen unternommen habe, die
erstere als Stipendiat der finnischen Universität, die letztere auf
Kosten der finnischen Regierung. Auch ist Alles, was in gegen-
wärtigem Werk mitgetheilt ist, von mir selber aufgezeichnet, oder,
wenn auch von anderer Hand aufgezeichnet, doch von mir kritisch
behandelt und durch meine Feder gegangen.

In Bezug auf die Texte ist Folgendes zu bemerken. Die drei
ersten Märchen wie auch sämmtliche Lieder sind auf meine Veran-
lassung im obdorskischen Dialekte von dem ostjakisch-samojedischen
Gemeindeschreiber in *Obdorsk*, *Anders Sobrin* gesammelt, demselben
Manne, der auf dem archäologischen Kongress in St. Petersburg
die ostjakische Nationalität repräsentirte; er war eine Zeit lang
mein Mithelfer beim Studium des obdorskischen Ostjakischen. Die
übrigen Märchen stammen von einem anderen meiner ostjakischen
Sprachmeister, *Michail Lazarev*, einem schreibkundigen Ostjaken
aus *Bolsche-Atlym* im Gebiete der südlichsten Mundart; doch
sind die von ihm mitgetheilten Märchen hier in den Formen des
beresovschen Dialektes wiedergegeben. In demselben Dialekte sind
sämmtliche Räthsel von einem anderen, gleichfalls schreibkundigen
Ostjaken Namens *Simeon Morochov* aus *Tschemaschewo*, einem
Kirchdorf ungefähr in der Mitte zwischen Beresov und Kondinsk
aufgezeichnet. Morochov war den Frühling und Sommer 1877 über
in meinem Dienst und begleitete mich auf meinen Reisen als Diener
und ostjakischer Dolmetscher. Die Uebersetzungen aus der bibli-
schen Geschichte sind gleichfalls seine Arbeit. Sowohl er wie meine
übrigen Mithelfer schrieben jedoch das Ostjakische mit russischer
Schrift und, wie sich von selbst versteht, ohne jede Kenntniss der
Ortografie und Fonetik. Die von ihnen in erster Hand aufgezeich-
neten Texte wurden von mir, nicht nach den Buchstaben ihrer

Schrift, sondern nach ihrem Dictat umschrieben, und sind auf diese Weise in die vorliegende Tracht gekleidet. Die Uebersetzung der 10 ersten Kapitel aus dem Evangelium Matthäi rührt von einem mir übrigens unbekannten, schon längst verstorbenen Priester, Namens Wologodsky her, der in einer Gemeinde des beresovschen Kreises angestellt und mit der ostjakischen Sprache ziemlich vertraut war. Diese Uebersetzung, in einer gemischten beresovsch-obdorskischen Sprachweise, existirt meines Wissens nach nur in einer Abschrift von Sjögrens Hand, welche in der Manuskriptsammlung der kaiserlichen Akademie der Wissenschaften in St. Petersburg aufbewahrt ist. Nach diesem, in russischer Schrift abgefassten, Manuskript hat Wiedemann die ostjakische Uebersetzung in der Bonaparteschen Ausgabe der Evangelienübersetzungen publicirt, und Hunfalvy scheint die Wiedemannsche Edition nur umgedruckt zu haben. „Die zehn Gebote" und „das Glaubensbekenntniss" rühren von derselben Handschrift her. Diese Handschrift habe ich selbstständig kopirt und nach meiner Auffassung des Lautes der ostjakischen Worte transskribirt; die Abschrift habe ich mit der für Original geltenden Sjögrenschen nach meiner Rückkehr von der zweiten Reise noch einmal verglichen.

Der Wortschatz gründet sich beinahe ausschliesslich auf meine eigenen Anzeichnungen und auf den Wortvorrath der Texte; indessen sind mir auch zwei handschriftliche Wörtersammlungen über das Nord-Ostjakische zugänglich gewesen; das eine ist eine Abschrift des russisch-ostjakischen Wörterbuches, welches Hunfalvy benutzt hat, das andere die Abschrift eines ersten Entwurfes zu einem ostjakisch-samojedisch-russischen Wörterbuche von Peter Popov, einem ehemaligen Missionär in Obdorsk, jetzigem Oberpriester in Tobolsk. Das erstere Werk, welches wahrscheinlich von obengenanntem Wologodsky herrührt, ist dem Umfange nach nicht ganz unbedeutend, das letztere dagegen ist äusserst unvollständig, und beide sind für den in der Sprache sonst Unbewanderten so gut wie unbenutzbar. In Bezug auf die Wörtersammlung will ich noch hinzufügen, dass ich die Zahlwörter, Pronomina und Partikel nicht aufgenommen habe, weil sie sich in der Grammatik finden.

Schliesslich ist es mir eine angenehme Pflicht, zu erwähnen, dass die Druckkosten für das vorliegende Werk aus den Mitteln bestritten sind, welche bei unserer Alexanders-Universität zu dem Zwecke veranschlagt sind, gelehrte Arbeiten der Universitätslehrer zum Druck zu befördern.

Helsingfors, im Mai 1880.

Der Verfasser.

Inhaltsverzeichniss.

I.

NORD-OSTJAKISCHE TEXTE.

I. Märchen.

1. Der unter der Erde gebliebene Mann.

Xandi̯ pūġolna osn̊en kat xoi. mantsen̊en orna. lin orna
joġotsen̊en, lēbes-xāt vertsen̊en. lēbes-xāt verti jetsas, līsn̊en,
xoisen̊en. āljů kiltsen̊en. sōmotlisn̊en, orna mantsen̊en. xuv jax-
sen̊en, van jaxsen̊en; joġo joġotsen̊en. un xoil veles n̊el lan̊gi. ai
xoi veles n̊oġos. un xoil jastal: oġem kāšija jis, nen̊ xorila lan̊-
gilam, n̊oxsen. lu xois.
Ai xoil lan̊get xorti saġat ov pēlak pund̯andas. ai xo vantl
ov pēla: kat sēm loriman mantsen̊en kim. loimdas sara, kim etas,
sēmn̊en n̊oxolti. vantlali: rēp-evi̯lt il lorisen̊en. juġanna pitsen̊en,
juġan loś saġat nigi̯ś lorilen̊en. si sēmn̊en n̊oxolman mandl. jera

1.

In einem ostjakischen Dorfe waren zwei Männer. Sie gingen
in den Wald. Sie kamen in den Wald, sie machten eine Laubhütte.
Das Machen der Laubhütte wurde beendigt, sie assen, sie legten
sich. Des Morgens standen sie auf. Sie kleideten sich an, sie gingen
in den Wald. Sie wanderten weit, sie wanderten kurz; sie kamen
zurück. Der ältere Mann hatte vier Eichhörnchen gefangen. Der
jüngere Mann hatte einen Zobel gefangen. Der ältere Mann spricht:
mein Kopf ist krank geworden; ziehe du das Fell ab von meinen
Eichhörnchen, von deinem Zobel. Er legte sich.
Während der jüngere Mann den Eichhörnchen das Fell abzog,
wurde die Thür sperrweit geöffnet. Der junge Mann sah hin zu der
Thür: zwei Augen gingen rollend heraus. Er stand gleich auf, ging
aus, um den Augen nachzujagen. Er blickt hin: vom Berge rollten
sie hinab. Sie fielen auf den Fluss nieder, sie rollen längs dem
Schnee des Flusses nach unten. Er geht fort, die Augen nachjagend.
Sie rollten quer über einen liegenden Baum. Er stieg auch hinüber.

xoita jux soppi lorīseńen. lu pa xoṅgas. si sēmńen loṅseńen no-
gor-jux pui ilpina. lu jux puina joxtas, sī volīs. lu nōmịsl: ma-
saṅ jogotleńen. xuv lois, van lois; si sēmńen jogotseńen. saṅgịpna
xatśati vịtśali, ṣśalitsali. si sēmùen mundị jos saġat lorīseńen.
mundi jera xoita jux soppi pa lorīseńen. lu nōmịsl: votāsa jil, si
jos lap-portale. lu jux nū martas. seltta keśel lōgoptas. mundị
jos xuvat vaľśam ńoġorti pites. sēmńen ōlịńịś lorīleńen, lu sosl.
sēmńen xătna lorīseńen, lu loṅńas. vantl: xoita xoil pēla sēmńen
lōm lipina lorīseńen.

Put kavịrman jetsas, xoita xoil kịlas (kiles). līta āmaseńen,
līvman jetsasńen. ai xoil jastal: xodaś ant ulmīsen? un xoil jastal:
jena ulmīsem: sịs nūbịt tịm jux ilpina olpas ma vantsem. ai xoil
jastal: jena pēla vantsen? un xoil jastal: jena vantsem; itam
xoilemen. āḷń xotlas, kiltseńen, mantseńen tamotta jos saġat.
ńoxrịm vaľśam saġat, ai xoi juvịm taġana. rēp-evịlt nịk oġoltseńen.

Die Augen krochen unter den Stamm eines Cederbaumes. Er kam
zum Stamme des Baumes, blieb da stehen. Er denkt: vielleicht
kommen sie (zurück). Lange stand er, kurz stand er; die Augen
kamen (zurück). Er will sie mit einer Schnecschaufel schlagen, es
thut ihm (aber) weh um sie. Die Augen rollten längs der vorigen
Spur. Sie rollten wieder quer über den vorigen danieder liegenden
Baum. Er denkt: es wird Schneegestöber, die Spur wird über-
schneit. Er brach einen Zweig eines Baumes ab. Darauf zog er
sein Messer heraus. Er fing an, längs der vorigen Spur Späne zu
schnitzeln. Die Augen rollen voran, er schreitet nach. Die Augen
rollten in die Hütte, er stieg hinein. Er blickt: die Augen rollten
zu dem liegenden Manne in die Kleider hinein.

Kochend wurde der Kessel (das Essen) fertig, der liegende
Mann stand auf. Sie setzten sich zum Speisen, sie wurden mit dem
Speisen fertig. Der jüngere Mann spricht: was hast du nicht geträumt (hast du etwas geträumt)? Der ältere Mann spricht: wahrhaftig, ich habe geträumt: unter einem in früheren Zeiten aufge-
wachsenen Baume sah ich einen Schatz. Der jüngere Mann spricht:
sahst du ihn wirklich? Der ältere Mann spricht: ich sah ihn wahrhaftig; jetzt legen wir uns. Am Morgen tagte es, sie standen auf.
begaben sich längs der gestrigen Spur, längs den geschnitzelten
Spänen, zu der Stelle, wohin der jüngere Mann gekommen war. Sie

mantseńen si jos ńoxolman. toǥo joǥotseńen un nõgor-jux pēla.
jux ī pēlak-evịlt karalati pitseńen. ī xoil ośes neń-xo lepti lovat
vịs. un xoil jastal: neń tada ula, ma lońlem. ai-pēla xoil jastal:
lońta lońa; īt al lońa. un xoil lavol: malai īt lońlem, jilem.

Un xoil lońńas, xātna pitcs. xāt nori pēla vautl, imi āmasl.
imi jastal: olmịm-evịlt neńēn lailtsem, itam joǥotsen. imi jastal:
itam xol mandlen? tāsem, olpasem tada savịja. lu jastal: xātem
xoina savịla, ma mala verlem tada? imi jastal: verlen, ant verlen,
xol mandlcn? tada ant ollen, malai lońsen? manden taǥa tailen-
kc, mana. mundị lońmal taǥa ośta kurtsali. lu jastal: silovat jim
vera; etalta manēm noman; xoim pēla jāsịń paitlem, ma ant
mandlem. imi jastal: jāsịń paita; xada lailen, sēmna vanta, sī
mana. vantlali: ov pēlak xoil. imi loimtas, jaǥa mantseńcn. ai
xoil līlli xaś xalmal. un xoil jastal imi pēla: xoi kitlem jāsịń
tūta, ai xoiem xalta utśemal? imi sēp-evịlt lōgoptas ai kev-ān.

---

stiegen den Berg hinab. Sie gingen laufend den Weg. Dorthin
kamen sie zu einem grossen Cederbaume. Sie fingen an, auf der
einen Seite des Baumes zu graben. Der eine von ihnen fand ein
Loch von der Grösse, dass ein Mensch hineingehen konnte. Der
ältere Mann spricht: bleibe du hier, ich gehe hinein. Der jüngere
Mann spricht: geh', wenn du gehst; gehe (jedoch) nicht auf immer.
Der ältere Mann sagt: warum geh' ich auf immer (warum sollte ich
auf immer gehen), ich komme (zurück).

Der ältere Mann ging hinein, er fiel in eine Stube hinein. Er
blickt auf die Pritsche der Stube, eine Frau sitzt (da). Die Frau
spricht: mein Leben hindurch habe ich auf dich gewartet, jetzt
kamst du. Die Frau spricht: wohin wirst du jetzt gehen? hüte hier
meinen Reichthum, meinen Schatz. Er spricht: von wem wird mein
(eigenes) Haus gehütet, was soll ich hier thun? Die Frau spricht:
du thust, thust nicht (thue was du willst), wohin wirst du gehen?
wirst du nicht hier sein (bleiben), warum kamst du herein? hast
du einen Ausgang, (so) gehe. Er konnte den vorigen Eingang nicht
finden. Er spricht: thue die Gnade, lasse mich aufwärts ausgehen;
ich werde meinem Gefährten ein Wort sprechen, ich werde nicht
entweichen. Die Frau spricht: sprich ein Wort; wo du stehst, sieh
mit dem Auge, dorthin gehe. Er blickt auf: die Thür steht sperrweit offen. Die Frau stand auf, sie gingen zusammen. Der jüngere

kev-ān-cvi̮lt jiṅkna ńali-tēlna masa, tomi jenśas, potarta pites. un xoil jastal: mana xātemna, jasta: ma xaśsem. lu sosmas, manas.

Un xoil imi pilna pa loṅseṅen xātna, itam xolna ollaṅen mū ilpina.

2. Der Eidam des Waldteufels.

Ī-mosaina kat xoi mantseṅen orna laṅgi velta. orna joġotseṅen, xāt āmatseṅen. kat xatl xātna osṅen, orna mantseṅen. xuv jaxseṅen, van jaxseṅen; attī joġotseṅen xātna. put kavi̮rtseṅen, put kavi̮rman jetsas, lita āmassceṅen. sī̮ xolleṅen, xojat jita śatl. xāt ov moxti pusla, xātna loṅṅes or-meṅk. lu jastal: malai ma mūvemna velpaslalten? lin paltamasṅen: min ant ośsemen, neṅ

Mann, ohne gegessen zu haben, war nahezu gestorben. Der ältere Mann spricht zu der Frau: wen sende ich hin, die Botschaft zu bringen, (dass) mein jüngerer Gefährte sterben will (dem Sterben nahe ist)? Die Frau zog aus der Tasche eine kleine Flasche. Aus der Flasche wurde er mit einem Löffelvoll Wasser beschenkt, er trank, fing an zu sprechen. Der ältere Mann spricht: geh' hin zu meinem Hause, sage: ich blieb (hier zurück). Er ging, begab sich hin.

Der ältere Mann sammt der Frau gingen in die Stube zurück, jetzt noch sind sie unter der Erde.

2.

Einmal gingen zwei Männer in den Wald, um Eichhörnchen zu fangen. Sie kamen in den Wald, sie errichteten eine Hütte. Zwei Tage waren sie in der Hütte; sie begaben sich (dann) in den Wald. Sie wanderten weit, sie wanderten kurz, zur Nacht kamen sie zu der Hütte. Sie kochten den Kessel, kochend wurde der Kessel fertig, sie setzten sich, um zu essen. Sie hören ein Geräusch, jemand scheint zu kommen. Die Thür der Hütte wird plötzlich geöffnet, in die Hütte steigt der Waldteufel ein. Er spricht: warum jaget ihr auf meinem Lande? Sie erschracken: wir wussten nicht, (dass

taġajen. or-meṅk jastal: juvāten ma kalmịmna. un xoi imi tail; ai xoi imi ant tail. or-meṅk jastal: amsāten kat laṅxremna, ninēn tūlem xātemna. lin āmasseṅen. or-meṅkna si tūla xātelna. mailesṅen, maileman jetsasṅen. or-meṅk jastal un xoi pēla: neṅ mana joġo, ai xoi at xaśl, ma luel imina vịlem. un xoi jastal: evi tailen? ju jastal: malai ant tailem; kat evi tailem. un xoi jastal: min vantlemen si evṅen. or-meṅk jastal: kim etlu.

Kim etset. kimet xāt loil, lin munda ant vantseṅen. lin or-meṅk pilna loṅseṅen; vantleṅen: kat norina āmaslaṅen kat evi, xorāsịṅat. un xoi jastal: neṅ xaśa, ma mandlem joġo, jāsịṅ paitlem. or-meṅk jastal: xolmet xatlna joxta, parilīlu.

Un xoi joxtas, parilīset. ai xoi imi vịs, mantsat joġo. or-meṅkna evi olpasna masa. mantseṅen, xātna joġotseṅen, imel xośta pites, moxti pasālas. ai xoi jastal un xoi pēla: ma mandlem or-meṅk pēla, jāsịṅ paitlem: imem pasālas. ai xoi manas, or-

---

os) dein Land (sei). Der Waldteufel spricht: kommet mit mir. Der ältere Mann hat Frau; der jüngere Mann hat nicht Frau. Der Waldteufel spricht: setzet euch auf meine beiden Schultern, ich führe euch nach meinem Hause. Sie setzten sich. Siehe, sie wurden von dem Waldteufel nach seinem Hause gebracht. Sie wurden bewirthet, sie wurden mit der Bewirthung fertig. Der Waldteufel spricht zu dem älteren Manne: geh' du nach Hause, der jüngere Mann soll bleiben, ich werde ihn verheirathen. Der ältere Mann spricht: hast du Töchter? Er spricht: warum habe ich nicht (warum sollte ich nicht haben); ich habe zwei Töchter. Der ältere Mann spricht: wir werden diese Töchter besehen. Der Waldteufel spricht: lasset uns herausgehen.

Sie traten heraus. Es steht eine zweite Jurte da; vor kurzem hatten sie sie nicht gesehen. Zugleich mit dem Waldteufel traten sie hinein; sie sehen: auf zwei Pritschen sitzen zwei Mädchen, sie sind schön. Der ältere Mann spricht: bleib du (hier), ich gehe nach Hause, bringe Nachricht. Der Waldteufel spricht: komm' am dritten Tage (zurück), wir werden ein Gastmal feiern.

Der ältere Mann kam, sie schmausten. Der jüngere Mann nahm eine Frau, sie begaben sich nach Hause. Die Tochter wurde von dem Waldteufel mit Eigenthum beschenkt. Sie begaben sich fort, sie kamen zu der Jurte, die Frau wurde krank, plötzlich starb

8

meṅk xāt kassale, ośta kurtsale. lu sosịlis, jos taboltas, moxti
pasālas.

Un xoi xuv kassale, van kassale, ośta kurtsale. itam ādel
xaśas, xātna ul.

3. Der besiegte Teufel.

Kat xoi mantseńen orna. orna joġotseńen, lebes-xāt vertse-
ńen. xāt jetsas, put kavịrtta pitseńen, lïvman jetsasńen, xoiseńen.
un xoi jastal: minēmen tada olta ant ragịl. lin ālịū saġat kiltseńen, ľogoteta pitseńen. lin xāt-evịlt kim etseńen. un xoil lavol:
tam xatl velpaslalta mandlemen. ai xoi jastal: kat taġaina mandlemen velpaslalta.

Ai xoil ośas evtịm nōgor-jux, paltamata pites. lu vantlale,
evtịm jux pa-xōrpi, neū-xoina evtịm ant ol, or-meṅkna sevrịm si

sie. Der jüngere Mann spricht zu dem älteren: ich gehe zum Waldteufel, spreche ein Wort: meine Frau starb. Der jüngere Mann
ging, er suchte die Jurte des Waldteufels, konnte sie nicht finden.
Er wanderte herum, verlor den Weg; er starb bald.

Der ältere Mann suchte ihn lange, suchte ihn kurz, konnte
ihn nicht finden. Nun blieb er allein, er ist (lebt) in der Jurte.

3.

Zwei Männer gingen in den Wald. Sie kamen in den Wald,
sie machten eine Laubhütte. Die Hütte ward fertig, sie fingen an,
den Kessel zu kochen, sie wurden mit dem Essen fertig, sie legten
sich (schlafen). Der ältere Mann spricht: es taugt nicht für uns
hier zu sein. Am Morgen standen sie auf, fingen an, sich zu
waschen. Sie traten aus der Hütte heraus. Der ältere Mann spricht:
heute gehen wir jagen. Der jüngere Mann spricht: lass uns zu zwei
(d. h. verschiedene) Stellen gehen, um zu jagen.

Der jüngere Mann fand einen abgehauenen Cederbaum, er fing
an zu fürchten. Er besieht ihn, der abgehauene Baum ist von einem
andern Aussehen, von einem Menschen ist er nicht abgehauen, von
dem Waldteufel ist der Baum gehauen. Seine Spuren sind längs

jux. pormįm-taġael lōr vįtat. ai xoi joġo kerlas, joxtas xătna.
jeśa os (us), un xoil joxtas, laṅgi velmal. un xoi lavol: vensen
pa-xōrpi, mala vantsen? ai xoi jastal: minēmen tada olta ant
ragįl; mandlemen pūġolna; tam taġana xallemen. līta ămasseṅen.
un xoi jastal: min mandlemen tam juġan saġat nįgįś; oltem saġat
ṅoġa līvman xaslem, xul līvman ant xaslem. ai xoi lavol: xul
xoltśa oślemen? oślemen, ant oślemen, ma verem.

Loiseṅen, juġan saġat mantseṅen. si juġan Asna etes. lin
nįgįś vantleṅen: verįm pol ṅila. un xoi lavol: pol xośa mandlemen. pol xośa joġotseṅen. jux-pon amtįm As vįtat. śaṅgam
rep-evįlt nimlaṅ xoi xatmal. un xoi jastal ai xoi pēla: si pon oṅx
sevra. apsel lavol: malai sevįrlem? un xoi lajem neremas; lu
sevįrtsale. jux-pon nox ălimtseṅen: pon lipina it uns, it sox. si

---

dem Sumpfe (sichtbar). Der jüngere Mann kehrte zurück, kam zu
der Hütte. Er war ein wenig (da), der ältere Mann kam, Eichhörnchen (waren) sein Fang. Der ältere Mann spricht: dein Gesicht
ist von einem anderen (als dem gewöhnlichen) Aussehen, was hast
du gesehen? Der jüngere Mann spricht: es taugt nicht für uns
hier zu sein; gehen wir zum Dorfe; auf dieser Stelle werden wir
sterben. Sie setzten sich um zu essen. Der ältere Mann spricht:
lass uns längs diesem Flusse nach unten (nach dem unteren Lauf
des Flusses) gehen; mein Leben hindurch habe ich Fleisch gegessen
und kenne (es), Fische (aber) habe ich nicht gegessen und kenne
(sie) nicht. Der jüngere Mann spricht: wo werden wir Fische
finden? Finden wir, finden wir nicht, (das ist) meine Sache.

Sie standen auf, sie gingen längs dem Flusse. Dieser Fluss
fiel in den Ob. Sie blicken nach unten: ein fertiges Fischwehr ist
sichtbar. Der ältere Mann spricht: lass uns zum Fischwehr gehen.
Sie kamen zu dem Fischwehr. Eine Ruthenreuse ist (da) längs
dem Ob eingesetzt. Von dem Gipfel des Berges fährt ein mit
Schneeschlittschuhen versehener Mann herab. Der ältere Mann
spricht zu dem jüngeren: haue du ein Loch (in das Eis) über dem
Fischwehr. Sein jüngerer Bruder spricht: warum soll ich es hauen?
Der ältere Mann riss die Axt (ihm weg); er hieb es (das Eisloch).
Sie hoben die Ruthenreuse auf: in der Reuse (waren) ein Nelma
(und) ein Stör. Diese Fische zogen sie eilig heraus. Darauf nahmen
sie sie aus, fingen an zu essen. Er (wahrscheinlich der ältere)

xulńen sara kim taltseńen. seltta ńagasseńen, līta pitseńen. it
pul evtas, semlal paitas viṭiś: nimlań xoi si jil, ńila, jādop-
śańal nūvjń xöl-jux. lin xośain joxtas meńk; lavol: nin līlten?
alt lilmen, sämlamen vaxlaten. samlan vaġimat, xundi amtjmat
jux-ponlan? min aut ośsemen, neń jux-ponlan.

Meńk-igi kat jas sasamdas, kat xon-patna tańńartsale kitem-
tak. xātna joxtaptasle, joġo lońset. xon-pati-evjlt il eslsale. meńk
put verta pites. put verta saġat karti pajlta pites. karti-ūgor
pajldas, ūgor jetsas, līta āmassat, or-meńk xolom ńavrem pilna.
tūvjm xoilal līlli xoisat, ant lāpjtsale. āt-kūtjpa jis, meńk-igi
kilas, karti-ūgor vjsle, etes kim. un xoi kuńs-ōljūna nox potkasle:
kila, meńk si kim etes, si līlaimen. ai xoi lavol: livmemena, xol
mandlemen? un xoi loimtas, meńk ńavrem xośa joxtas, nox älim-
tsale, lu xoitel-taġaina pontsale. lu xosjńgiś xois.

---

schnitt einen Bissen, er warf seine Augen auf das Ufer: der mit
Schneeschlittschuhen versehene Mann kommt, erscheint, zum Stabe
hat er eine (ganze) Edeltanne mit Aesten. Der Teufel kam zu
ihnen; er spricht: ihr esset? Darum essen wir, (weil) unsere Herzen
verlangen. Eure Herzen haben verlangt, (aber) wann sind eure
Ruthenreusen eingesetzt? Wir wussten nicht, (dass es) deine Ruthenreusen (seien).

Der alte Teufel streckte seine beiden Hände aus, drückte sie
alle beide in seine beiden Achselhöhlen. Er brachte sie zu der
Jurte, sie gingen hinein. Er liess sie aus den Achselhöhlen los.
Der Teufel fing an, den Kessel (das Essen) zu bereiten. Während
des Bereitens des Essens fing er an, Eisen zu schmieden. Er
schmiedete einen eisernen Haken, der Haken ward fertig, sie setzten
sich essen, der Waldteufel mit drei Söhnen. Die von ihm gebrachten
(gefangenen) Männer legten sich schlafen ohne gegessen zu haben,
er speiste sie nicht. Es wurde Mitternacht, der alte Teufel stand
auf, er nahm den eisernen Haken, er ging heraus. Der ältere Mann
stiess ihn (den jüngeren) mit dem Ellbogen auf: steh' auf, der
Teufel ging heraus, sieh', wir werden aufgefressen. Der jüngere
Mann spricht: (wenn) wir auch aufgefressen werden, wohin gehen
wir? Der ältere Mann stand auf, kam zu einem der Söhne des
Waldteufels, hob ihn auf, legte ihn auf seine Schlafstelle hin. Er
legte sich daneben.

Meńk-igi xāt-laṅgalna xońńes, vįs veras. karti-ugrel si vįs-
evįlt il esltsale, si ūgorna tūvįm xoińen kātlta utśesle. lu ńavremel nox ūgormasle, tom xoi oroṅna. nogįś taltel saġat ńavremel
ūvol: asi, ma. menk-igi lavol: „asina" al evlįpta. vįs-evįlt oġel
nox etes. karti-śākna ox moxti xaisa. ox-vēlįmlal kim rįsat; lu
līsle: ma ńavremem ēbįlna avol.

Sara-sara xātna lońńas ńavremlal vantta, tut kusmaldas,
norina manas, ńavremel antom. tomeńen āmasleńen. menk jastal:
ma ńavremem malai nin xoim-taġainna pontseten? min ant pontse-
mcn. nic ant pontseten, xoltśa si joxtas? sasā, ollaten, ma ninēn
xalēvat līllam.

Xalēvat xotlas, meńk-igi kim etes. ai xoi jastal: un sot ant
tailem, sisi līlli taṅġā xallem. un xoi jasl luel ponamtsale, jaslna
il ńartamtsale, ī xoil antoma jis. optįtlal haśsat, si optįt vįsle,
sēpna pontsale. meńk-igi ov-evįlt ańńarmas, jastal: eta kim. kim

_____

Der alte Teufel kletterte auf das Dach der Jurte, machte (darin)
ein Loch. Durch dies Loch liess er seinen eisernen Haken hinab, er wollte mit dem Haken die gefangenen Männer greifen. Anstatt der Männer zog er mit dem Haken seinen Sohn. Während er
ihn heraufzog, heult der Sohn: Vater, ich (bin es). Der alte Teufel
spricht: trüge nicht mit dem „Vater". Aus dem Loche ragte sein
Kopf heraus. Mit einem eisernen Hammer wurde der Kopf zer-
schmettert. Sein Gehirn spritzte heraus; er ass davon: es riecht
nach dem Geruche meines Sohnes.

Er trat sehr eilig in die Jurte, um nach seinen Söhnen zu
sehen; schaffte Feuer an, ging zur Pritsche, der Sohn ist nicht (da).
Jene (beiden) sitzen. Der Teufel spricht: warum habet ihr meinen
Sohn auf eure Schlafstelle gelegt? Wir haben ihn nicht hingelegt.
Ihr habet ihn nicht hingelegt, woher kommt (denn) diess? wartet,
lebet, ich werde euch morgen auffressen.

Es tagte am Morgen, der alte Teufel ging heraus. Der jüngere
Mann spricht: ich habe nicht grosse Kraft (ich werde schwächer
und schwächer), sieh', ohne zu essen sterbe ich vielleicht. Der
ältere Mann legte seine Hand auf ihn, drückte ihn mit der Hand
nieder, der Mann ward zu Nichts. Seine Haare blieben (übrig), er
nahm die Haare, steckte sie in die Tasche. Der alte Teufel blickte
aus der Thür, spricht: geh' heraus. Er ging heraus, der alte Teufel

etes, meṅk-igi lĕśatmal jentta-xūr. jentta kātaltseṅen jeǵā soǵlan-
tata: nem-moltat il ant paitlaṅen. xandị-xo kesina sans soppi
katịltsale. meṅk lujet xandị-xo sans-ṅoǵaina il loṅsat. soǵlautman
kitcmtak il korīseṅen. meṅk lavol: xandị-xo, manēm csla. lu
jastal: ma neṅēn xoltśa esllem? tamotta lausen: ma neṅēn līlem.
meṅk jastal: silovat jim vera, esla. lu jastal: manēm pa lilen?
malai ma līlem! masa porana xandị-xo vantlen-ke, pun ant úox-
talem, jorl vantsem.
Tom xoi esịltsale. mcṅk säsna vaṅxınan mandl. itam ai
xoi optịt-pōǵol sĕp-cvịlt kim loǵoptsale. javolmasle, ai xoi līlaṅa
jis. joǵo mantseṅen, itam xolna ollaṅen.

---

fing an, einen Kampfplatz zu bereiten. Sie fassten sich, um mit
einander zu ringen: keiner von beiden wirft den anderen nieder.
Der Ostjake schnitt mit einem Messer den Rücken (des Teufels)
entzwei. Die Finger des Teufels senkten sich in das Rückenfleisch
des Ostjaken. Ringend fielen sie beide nieder. Der Teufel sagt:
Ostjake, lass mich los. Er spricht: warum lasse ich dich los (warum
sollte ich dich los lassen)? gestern sagtest du: ich fresse dich auf.
Der Teufel spricht: thue die Gnade, lass (mich) los. Er spricht:
wirst du mich noch fressen? Warum sollte ich dich fressen! wenn
ich einen Ostjaken jemals sehen werde, werde ich kein Haar (an
ihm) anrühren, ich sah (erfuhr) seine Stärke.
Der Mann liess ihn los. Der Teufel begiebt sich auf den
Knieen kriechend weg. Dann zog er (der Mann) den Haarschopf
des jüngeren Mannes aus der Tasche heraus. Er warf ihn hin, der
jüngere Mann ward wieder lebendig. Sie begaben sich nach Hause,
sie leben jetzt noch.

4. Die Hexe.

Imeñen oikaiñen ullañen, xūlịm pox taillañeu. susa jis, jax
unda manta pitsat. un poģịl lopịs : aśa, ma pa manlem jax pilna.
muja manlen? al mana. jax üģịllal leltịslal, lu pa leltasle. manmel jupina xuv usịt mui van usịt, jax nịk jita vustasịt, ūģịllal
nịkla ōmịssalal. lu pa uxlịl utla ōmịssale; jaxlalịn kätịlsa: man-
luv joģa. muja manti kātịlsalen? ma utla manlem, neñ manate
joģa. jaxlal mansịt joģa, lu pa manes utla. ut-xōda joxtịs, tut-
jux sevrịs, put verịs, putịl ještas. lu xośañal joxtịs kirp-ñolpi
imi, xōda laññịs, rat xonña omsịs, ūsitlata pites, lolamtịs, iń xo
ñomịrtak joģa ñelcmasị.

Xuv mui van ulmel jupina susa jis, jax unda manta pitset.
iń oika kūtlap poxịl ñuxmịs: aśa, ma pa manlem. aśel ñuxmịs:
xaissịm kat pox-evịlt mosịñ xaisl ī pox; muja manlen? xun

4.

Ein Weib, ein Mann leben. Sie haben drei Söhne. Es ward
Herbst, die Leute fingen an, sich zum .Walde (auf die Jagd) zu begeben. Ihr ältester Sohn sprach: Vater, ich gehe auch mit den
Leuten. Wozu gehst du, geh' nicht. Die Leute luden ihre Schlitten
auf, er lud seinen auch auf. Nachdem sie sich fort begeben hatten,
waren sie lange oder waren sie kurz (eine kurze Zeit), die Leute
dachten nach unten (nach Hause) zu kommen, sie stellten ihre
Schlitten (in der Richtung) nach unten zu. Er aber stellte seinen
Schlitten nach dem Walde zu; er wurde von seinen Kameraden
festgehalten: lass uns nach Hause gehen. Warum hieltet ihr mich
fest? ich begebe mich in den Wald, begebet ihr euch nach Hause.
Seine Kameraden begaben sich nach Hause, er aber begab sich in
den Wald. Er kam zu einer Waldjurte, hieb Brennholz, bereitete
den Kessel (das Essen), sein Kessel ward fertig. Zu ihm kam eine
rotznasige Frau (eine Hexe), sie trat in die Jurte herein, setzte sich
an die Feuerstelle, fing an zu gähnen, stand auf, schlang den Mann
ganz hinunter.

Nachdem es lange oder kurz gedauert hatte, ward es (wieder)
Herbst, die Leute fingen an, sich zum Walde zu begeben. Der
mittlere Sohn des Alten sprach: Vater, ich gehe auch (mit). Sein
Vater sagte: von den übriggebliebenen zwei Söhnen bleibt (mir)
vielleicht (nur) ein Sohn übrig;. warum gehst du? Wenn du gehst,

manlen, mana. jax pēla ńuxmịs: sijamat verate, nịk jita pitlate, panna tūvate. xuv ulmel mui van ulmel jupina nịk jita pitsat, ūġịtlal nịkla ōmịssalal. lu utla ōmịssale. jaxlalịna kātịlsa: sijamat vera, al mana. muja manti kātillalen? lajemịn īsat sevịrlalam. jella uda manịs isi juš tīja, toġa joxtịs, taś tut-jux sevrịm ār ul, tut alịs, pa put verịs. kirp-ńolpi imi xōda lańńịs, isiti rat xonńa omsịs. lu paknịs. kirp-ńolpi imi ūsitlata pitcs, lolamtịs, joġa ńelemasi.

Susa jis, jax unda pa manta pitsat. ńuxmịs tūpịń jiv-pox: aśa, ma pa manlem. mui verta manlen? manịm kat jiv-poxńalan pa xoda ullańen? al mana. manlem. ja poxije, mana, ma poikem ant ke xulsen. jax mansịt, lu pa manịs unda, xōda joxtsịt.

Xuv mui van usịt, nịk jita pitsat, lu uxlịl utla ōmịssale, uda manịs, ut-xōda joxtịs, tut alis, put verịs, poškan-šoit tuda

---

so gehe. Zu den Leuten sagte er: thuet die (Gnade) Gefälligkeit, (wenn) ihr anfanget nach Hause zu kommen, bringet ihn mit. Nachdem es lange oder kurz gedauert hatte, fangen sie an nach Hause zu kommen, sie stellten ihre Schlitten nach unten zu. Er stellte seinen Schlitten nach dem Walde zu. Er wurde von seinen Kameraden festgehalten: thue die Gnade, gehe nicht hin. Warum hieltet ihr mich fest? mit der Axt zerhaue ich euch alle miteinander. Er ging vorwärts in den Wald an das Ende jenes Weges, er kam dahin, (da) ist viel fertig gehauenes Brennholz, er machte Feuer an und bereitete das Essen. Die Hexe trat in die Jurte ein, setzte sich gleichfalls an die Feuerstelle. Er erschrak. Die Hexe fing an zu gähnen, stand auf, schlang ihn hinunter.

Es ward (wieder) Herbst, die Leute fingen wieder an, sich zum Walde zu begeben. Der letzte (jüngste) Bruder sprach: Vater, ich gehe mit. Warum gehst du? deine zwei (früher) gegangenen Brüder, wo sind sie? gehe nicht. Ich gehe. Nun, lieber Sohn, gehe, wenn du meiner Bitte nicht gehorchst. Die Leute begaben sich fort, und er begab sich in den Wald, sie kamen zu der Jurte.

Sie waren (da) lange oder kurz; sie fingen an nach unten zu kommen, er stellte seinen Schlitten nach dem Walde zu, er ging in den Wald, er kam zu der Waldjurte, er machte Feuer an, er bereitete das Essen, er legte den Ladestock in das Feuer., Und die Hexe kam, trat in die Jurte ein, sagte: was ist dein Name? Mein

ponsale. kirp-ńolpi imi pa joxtįs, xōda łańńįs, ńuxmįs: nemen mui? ma nemem tunel tov. vantłałe, poškan-šoit tut idi jis, ālįmasłe, xon-kūtłapįł-evįlt pūġolmasłe. xivemįs: tunel tovįn pūġołmasijam. kim śakįs, xontas joġa. evel-poxįł łopłat: xoina xodį versain? ma tunel tovįn pūġolmasijam. ińxodaś śārimtįs?

Nįk joxtįs, kāmįn jonti ńavrematįn kaśałasį: imeńen oikaińen, poxen jił. sumpa, mui-sir in-unta ma poxem łįłįń?

Si sūn-ałįn in-unta ullańeu.

---

5. Der Schatz.

Imiłe pa xįłįłe ullańen. taisańen ī mis-pōšįx. imi xįłeł pēła ńuxmįs: jańxa, mis-pošxen tinīja. kātįłsałe: imi, ma tūłcm. unda tusłe, keł-tįn ańkła jersałe, ńuxmįs: ma xolēvįt jiłem, tinel vį-

---

Name ist vergangenes Frühjahr. Er sieht nach, der Ladestock ist dem Feuer gleich geworden, er fasste ihn, steckte ihn durch die Mitte ihres Bauches. Sie schrie auf: von dem vergangenen Frühjahr (auch: in dem vergangenen Frühjahr) wurde ich durchgestochen. Sie stürzte heraus, lief nach Hause. Ihre Kinder sagen: von wem wurde dir etwas gethan? Von (oder: in) dem vergangenen Frühjahr wurde ich durchgestochen. Fing es erst jetzt an weh zu thun?

Er kam nach Hause, draussen wurde er von spielenden Kindern wahrgenommen: Alte, Alter, euer Sohn kommt. Geschwätz, was für ein Sohn ist bisher lebendig?

Sie leben im Wohlstande bis jetzt (noch jetzt).

•

5.

Ein Mütterchen und ein Enkelchen leben. Sie besassen ein einziges Kalb. Die Alte sagte zu ihrem Enkel: gehe, verkaufe dein Kalb. Er fing es ein: Grossmutter, ich bringe es hin. Er führte es in den Wald, band es mit einem Strickende an einen Baumstamm, sagte: ich werde morgen kommen, um seinen Preis zu

lem. joġa manes: imi, ma mis-pošxem tinīsem, xolēvi̯t manti voxsale voxlama; manti ālii̯ńa patlami̯n kilte. xolēvi̯t kils. imi, xi̯r˙ mija, ma voxlam voxta manlem. imelna masi̯ xi̯ri̯n, laimal alemi̯s. manes ańki̯l xośa, ańki̯l lajem-muńxi̯n seńxta pitsale: mija (mije) mis-pōši̯x tinem. ańki̯l-evi̯lt vox parīta pites — jux lipina us jeńxlep — voxi̯n xi̯ril tēlieva ākitsale. joġa manes: imi ja, voxlan vujala.

---

nehmen (holen). Er ging nach Hause: Grossmutter, ich habe mein Kalb verkauft, er (man) bat mich morgen nach meinem Gelde (zu kommen); wecke mich morgen in der Dämmerung. Am Morgen weckte sie ihn. Grossmutter, gieb mir einen Sack, ich gehe hin um mein Geld zu fordern. Von seiner Grossmutter wurde er mit einem Sack versehen; er nahm seine Axt. Er ging zu dem Baumstamme, fing an den Stamm mit dem Axthammer zu schlagen: gieb meinen Kalbpreis heraus. Aus dem Baumstamme fing an Geld herauszukommen — in dem Baume war ein Schatz — er sammelte seinen Sack voll mit Geld. Er ging nach Hause: nun Grossmutter, nimm dein Geld.

II. Räthsel.

1. xōt van, lēpiṅ xuv. — sav-nē.
2. il ol kālaś, nox kil ulas. — āmp.
3. jiṅk lipina kālaś. — pan-nē.
4. xanḑaṅ lou pōtim saṅkrim seṅkil. — sav-nē pōtim poś nuxil.
5. lābit lōr vantj? — piľt-vaṅkrip.
6. ser unt, mor unt suṅin jiś xo jūtim ṅol vis. — ošni oṅx ou.
7. asi narsil, evil-poģil jakil. — wot pol.
8. xōt laṅṅil pirmiṅ tāxit. — xūsit.
9. kaurim śāres kūtlapin ṅār-oxpi jax ctlclt. — put kavarl.

---

1. Das Haus (die Jurte) ist kurz, das Vorhaus lang. — Die Elster.
2. Unten (liegend) ist es eine Semmel, auf steht es wie ein Schemel. — Der Hund.
3. Eine Semmel im Wasser. — Der Frosch.
4. Ein scheckiges Pferd zerschlägt einen gefrorenen Berg. — Die Elster pickt gefrorenen Dreck.
5. Es sieht (über) sieben Buchten. — (Ein eiserner Haken oben an einer hohen Stange beim Fange der Seevögel; siehe Wörterb. piľ, piľt).
6. In einer Ecke des wüsten Waldes, des öden Waldes ist ein Loch nach einem von einem alten Mann geschossenen Pfeil. — Die Oeffnung des Lagers des Bären.
7. Der Vater spielt, die Kinder tanzen. — Der Wind weht.
8. Auf dem Dache der Jurte (liegt) ein von Bremsen durchlöchertes (grosses) Rennthierfell. — Die Sterne.
9. Auf der Mitte eines heissen Meeres steigen kahlköpfige Leute auf. — Der Kessel kocht.

10. ī xo ńār-tomilta, jernasil pōġolin. — asveśa.

11. karta muxti suńńit tīvs, suńńit tịn kurịk tīġịl. — porli.

12. ī xo šušịl, sōt ńol táġịl. — kūs pun parīl.

13. tanı mịvịn sevịrmat vōńtịl tom mịva pitl, tom mịvịn sevịrmat vōntịl tam mịva pitl. — jamšik-ola-nepēk.

14. ser unt, mor untna nui-ištanịń xo šušịl. — ošni-oika.

15. asel āntịptịlta-evịlt poġịl turma joxtịs. — śońxal-pūsịń.

16. as kūtlapịn joura nańk, joura xūl, arilańen, moślańen. — xulta-kcl pa lörịm.

17. tom mịv-cvịlt jūm ruś-oika xōpla, lōpla jermịs, tušịl uxtina as vunšịs? — nimsar-imi.

18. lābịt lōr ūlti novị tōr luil. — śańkan.

19. vịsịń karta muxti xor xoxlịs. — lōnań jintịp.

---

10. Ein nackter Mann, ohne Kleider, sein Hemd in seiner Brust. — Ein Licht.

11. Durch das Eisen wuchs eine Birke, auf dem Gipfel der Birke ist ein Adlernest. — Die Eishacke.

12. Ein Mann wandert, er schiesst hundert Pfeile. — Die Haare des Pelzes (aus Rennthierfellen) fallen ab.

13. Ein in diesem Lande gehauener Span fällt in jenes Land. ein in jenem Lande gehauener Span fällt in dieses Land. — Ein Brief.

14. In dem wüsten, in dem öden Walde wandert ein Mann in Tuchhosen. — Der Bär (der Alte).

15. Während der Vater gewindelt wird, ging der Sohn zum Himmel. — Der Rauch aus dem Herd der Winterjurte.

16. Mitten in dem Ob (ist) ein krummer Lerchenbaum, eine krumme Fichte, sie singen (Lieder), sie erzählen (sich) Märchen. — Ein Fischfanggeräth (siehe Wörterb. xulta-pun).

17. Ein aus jenem (fremden) Lande gekommener russischer Greis, ohne Boot, ohne Ruder gerieth er in Noth, auf seinem Bart ging er über den Ob. — Die Spinne.

18. Ueber sieben Buchten schreit ein weisser Kranich. — Die Glocke.

19. Durch ein durchlöchertes Eisen sprang ein Rennthierochs. — Eine mit Sehnendraht versehene Nadel.

20. jam lou loilta-taġina pum ant xanįl i varas ant xanįl. — tut-rat.

21. jiṅk ilpin kumįr-xōt. — jux-pun.

22. tus nē kartįm saki-kār. — lunti-pākįt.

23. į-oupa lābįt jaršik. — jogan-ou.

24. xōtṅen kūtįn kalįṅ ṅoġi-pul āltla. — pōlįs.

25. ṅel nē, ī oxsam ponsįt. — pasan.

26. jam lou, irkan tįn āt xolįl. — jeṅṅįt sūġįm tįn.

27. kūtlapįn pūp, kat pēlakįn sirsamṅen. — śoṅxal.

28. pūlįṅ maratįl, ruś-pōs pēlakįn jūtla, lap-manįs. — ṅauram ēsemįn mala.

29. tom mįv-evįlt jūm ruś, pernail tada xaisįs. — tör kurįm.

30. asi-evįlt pox tįvįs, pox-evįlt as tįvįs. — jeṅk potla pa lolal.

---

20. Auf dem Standplatz eines guten Pferdes wurzelt nicht Gras, wurzelt nicht Strauch. — Die Feuerstelle.

21. Unter dem Wasser eine Reishütte. — Eine Fischreuse aus Ruthen.

22. Eine von einer geschickten Frau aufgezogene Perlenschnur. — Ein Schwarm oder Zug Gänse.

23. Sieben Kisten mit einer Oeffnung. — Die Flussmündung.

24. Zwischen zwei Häusern wird ein blutiger Fleischbissen getragen. — Geklatsch.

25. Vier Weiber, sie haben ein Kopftuch übergehängt. — Der Tisch.

26. Ein gutes Pferd, es bringt die Nacht am Ende einer Schlingenleine (Arkan) zu. — Die Spindel am Ende des Fadens.

27. Ein Priester in der Mitte, an je beiden Seiten ein Mönch. — Der Herd (das Feuer und die russigen Seiten des Herdes).

28. Der Donner donnert, er wird mit dem einen eines Paares russischer Handschuhe geworfen, er schwieg still. — Ein Kind wird mit der Brust gestillt.

29. Ein aus jenem (fremden) Lande gekommener Russe, er liess sein Kreuz hier zurück. — Tritt oder Spur eines Kranichs.

30. Aus dem Vater wurde der Sohn geboren, aus dem Sohne wurde der Vater geboren. — Das Eis friert und schmilzt.

20

31. jošla, kurla, noxla xoúńịl. — ńań šumịl.
32. kaurịm śārcs kat pēlek saġat akarńen pūrịsńen, īġa ant joxtlańen. — put palńen.
33. ser unt, mor untna ńuki-ištanịń xo šušịl. — luk.
34. ser unt, mor unt suńịn vurti-tušịú xo loil. — uš-pōġol.
35. saxsań it. — mịv.
36. kēn it. — nōmịs.
37. eumịń it. — ōlịm.
38. eplịń it. — sol.
39. sūlla, marla xo, naiú mịv, ūrtịń mịv xuvat kertlele. — sońkep.
40. sūlla, marla xo, ät tịja kimla vuratil. — śońxal-pūlịp.
41. as ūlti novị sūġịmịn talsa. — jeńk-xul.
42. keši-vei uxtina voš ōmasịl. — luitịú još.

31. Es ist ohne Hand, ohne Fuss, klettert nach oben. — Der Teig gährt.
32. Zu den beiden Seiten eines heissen Meeres sind ein russischer Hund und ein Schwein, wenn sie (auch) streben zusammen (zu kommen), kommen sie (doch) nicht zusammen. — Die Oehre des Kessels.
33. In dem wüsten, in dem öden Walde wandert ein Mann in Hosen von Sämischleder. — Das Birkhuhn.
34. In einer Ecke des wüsten, des öden Waldes steht ein rothbärtiger Mann. — Ein Stück Birkenschwamm.
35. Ein fettes (was ist fett). — Die Erde.
36. Ein leichtes. — Der Verstand.
37. Ein süsses. — Der Schlaf.
38. Ein wohlschmeckendes. — Das Salz.
39. Ein Mann ohne Darm, ohne Harm, er wandert in Frauenland, in Herrenland herum. — Der Stab.
40. Ein Mann ohne Darm, ohne Harm, zu Ende der Nacht will er heraus. — Heustöpsel, womit der Rauchfang der Winterjurte zugestopft wird.
41. Ueber den Ob hat man mit einem weissen Zwirn (einen weissen Zwirn) gezogen. — Spalte oder Ritz im Eise.
42. Auf dem Heft eines Messers liegt eine Stadt. — Eine mit Fingerringen versehene Hand.

43. scr unt, mor unt suṇiṇ vurti-oxšamiṇ nē xollal. — poṅx.
44. patlam xōtiṇ ḷịm ṅir-pēlek kertlel. — tịlis-još.
45. ī xo šušịl, sōt ṅaṅ taġịl. — soṅkep kusi-lak.
46. kev-paršiṅ xōp manl. — rūt voġol.
47. namalta xōpaṅ läl manl, utalta kuṛiṅ läl manl. — xul xuṅṅịl pa līpet parīl.
48. xūs xona voi jersa. — ṅāḷịm pa peṅkịt.
49. ī xo šušịl, kel sịxal. — pant vana jil.
50. tom mịv-evịlt tūta-oten, sit täkla ruś ant ul, xanda ant ul. — sol.
51. oxla ilsị, kurla ilsị. — ai-jernas.
52. kōrt (kürt) kütlap nakịṅ poṅxrās loil. — vuśkuv.
53. ser unt, mor unt suṇiṇ tōrim eslịm soľ-xōt. — laṅgi-tịġol.

---

43. In einer Ecke des wüsten, des öden Waldes weint eine mit rothem Kopftuch versehene Frau. — Ein Schwamm.
44. In einer finstern Jurte wälzt sich ein verfaulter Schuh. — Der Mondschein.
45. Ein Mann wandert, er wirft hundert Brote. — Ring des Stabes (mit welchem ein Schneeschlittschuhläufer versehen ist).
46. Ein Boot mit steinernem Segel fährt hin. — Der Nebel senkt sich.
47. Längs der Wiesenseite (des Ob) fährt eine Kriegerschaar zu Schiff, längs der Bergseite wandert eine Kriegerschaar zu Fuss. — Der Fisch steigt (im Flusse) auf, die Blätter fallen ab.
48. Ein Thier, von zwanzig Mann eingesperrt. — Die Zunge und die Zähne.
49. Ein Mann wandert, er windet Strick auf. — Der Weg wird kürzer.
50. Ein aus jenem Lande gebrachtes Ding, ohne das lebt nicht der Russe, lebt nicht der Ostjake. — Das Salz.
51. Ein Narr ohne Kopf, ein Narr ohne Füsse. — Die Unterhosen.
52. Mitten im Dorfe steht eine knotige Klette. — Die Kirche.
53. In einer Ecke des wüsten, des öden Waldes ist eine von Gott herabgelassene Reishütte. — Das Nest des Eichhorns.

III. Lieder.

1. Der Glückliche.

Itam xodi jastalem — mo?

tam luṅ ār oxsar veltsem — mo,

navi lēbek, pudi lēbek veltscm — mo,

tōromna mīlisajem — mo,

or-kalaṅ veltsem — mo.

ōliṅ-porana taisem — mo,

simal kalaṅ taisem — mo:

xōlom sāt taisem — mo.

oxsarat, lēbeket ruś pēla tinīsem — mo,

ār ox-pōġol visem — mo.

itam xodi oxna kalaṅat lōtlem — mo?

ār xapti vēt tsolkovina lōtlem — mo,

1.

Wie soll ich jetzt sprechen?

In diesem Sommer fing ich viel Füchse,

Weisse Eisfüchse, blaue Eisfüchse fing ich,

Ich wurde von Gott gesegnet,

Wilde Rennthiere fing ich.

In früheren Zeiten besass ich,

Wenig Rennthiere besass ich:

Dreihundert besass ich.

Die Füchse, die Eisfüchse verkaufte ich den Russen,

Ich bekam einen grossen Geldhaufen.

Wie soll ich jetzt mit dem Gelde Rennthiere kaufen?

Viel Rennthiere werde ich für fünf Silberrubel kaufen,

si-kemna lötti veritlem — mo;
vina jesti pitlem — mo.

2. Die vom Unglück Betroffene.

Tam luṅ mosna joġotsajem — mo,
ńavremlam ārat-tēlna xaltset — to,
sēm-jiṅk ār pajitsem — mo;
ma xodi verlem — mo, mo,
tōrom jasna ollat — to?
itam xodi verlem — mo?
ōġol verti xaslem — mo,
xăp verti xaslem — mo;
itam xodi verlem — mo? kalei, kalci, kalei.

3. Der Unglückliche.

Ma tīm-porana ār kalaṅ taisem — mo,
vēt śaras taisem — mo;

So viel ich vermag zu kaufen;
Branntwein werde ich trinken.

2.

Diesen Sommer wurde ich von Krankeit betroffen,
Meine Kinder starben allezusammen,
Viel Thränen liess ich fallen;
Wie (was) soll ich thun,
Ich, die in Gottes Hand seiende?
Wie soll ich jetzt thun?
Schlitten verstehe ich zu machen,
Kähne verstehe ich zu machen;
Wie soll ich jetzt thun?

3.

In der Zeit meiner Geburt besass ich viel Rennthiere,
Fünftausend hatte ich;

ārat-tĕlna tam luṅ xaltsel — to,
tŏromna vĭsajet — to;
soġaśman haśsem — mo;
ṅavremlam pilna joġotsem — mo,
Pulḷiṅāvĭt vasna joġotsem — mo,
xalleman joġotsem — mo;
itam xodĭ pitsem — mo?
ruś xośa mitaśsem — mo.

4. Die verschmähte Frau.

Xoijem pilna vēt luṅ oscm,
tam luṅ xoijemna xaisajem;
mala ādĭm luel versem?
ār ṅavrem xaśsat,
ṅavremat muina lāpĭtlem?
katra igem jēlap imi vĭmas,
jēlap imi-evĭlt ṅavrem autam,
tŏromna ant mīlila.

In diesem Sommer starben sie allezusammen,
Von Gott wurden sie genommen;
Ich blieb zurück, verarmend;
Mit meinen Kindern kam ich,
Nach der Stadt Obdorsk kam ich,
Weinend kam ich;
Wie fing ich es nun an?
Ich vermiethete mich an einen Russen.

4.

Mit meinem Manne lebte ich fünf Sommer,
In diesem Sommer wurde ich von meinem Manne verlassen;
Was Böses habe ich ihm gethan?
Viel Kinder blieben,
Womit ernähre ich die Kinder?
Mein voriger Mann nahm eine neue Frau,
Aus der neuen Frau (sind) nicht Kinder,
Von Gott werden sie nicht gegeben.

sidi ant mīlila: manēm ār soġatsali.

kalmelna kalańlam tūsli,

olpasem tūsli. —

sax jantti xaslem,

vai jantti xaslem.

itam ńavremlam ēnįmsat;

un jigem velpaslalta xasl,

orna jańgalil,

lēbek, lańgi vellil:

manem igi ant masl.

xandį-jaxna oślajem,

or-jaxna oślajem,

Pullįńāvįt ruśtna oślajem.

tam luń lēbek ār tinīsem,

ār ox sįtsem,

ār kalań lōtsem:

tōromna nōmįsna masajem.

un jigem imina vįsem,

Darum werden sie nicht gegeben: er kränkte mich viel.
Er führte mit sich meine Rennthiere,
Mein Eigenthum führte er weg. —
Frauenpelze verstehe ich zu nähen,
Schuhe verstehe ich zu nähen.
Jetzt sind meine Kinder erwachsen;
Mein ältester Sohn versteht (Thiere) zu fangen,
Er wandert im Walde,
Eisfüchse, Eichhörnchen fängt er:
Ein Mann ist mir nicht nöthig.
Den Ostjaken bin ich bekannt,
Den Samojeden bin ich bekannt,
Den obdorskischen Russen bin ich bekannt.
In diesem Sommer verkaufte ich viel Eisfüchse,
Ich erwarb viel Geld,
Ich kaufte viel Rennthiere:
Von Gott wurde ich mit Verstand begabt.
Ich verheiratete meinen ältesten Sohn,

är kälịm masịm,
kalań it sät mīlisem.
imel pilna jemas ollańen.

Ich gab einen grossen Brautpreis,
Einhundert Rennthiere gab ich (ihm).
Sie leben gut, er mit seiner Frau.

IV. Aus der biblischen Geschichte.
(Uebersetzungen.)

1. Der Sündenfall.

Xannēxo ulta pada tōrịm partas süṇịṅ taġi mịv uxtina; śaltta toġa laṅṅịlsale ōlịṅ xannēxo, nemịl Adam. tōrịm partas luct śada ulta, rupitta i lavịlta si taġi. si süṇịṅ taġi lipina tịvs ār-sir jux, i si juxt pēla vantta kaša us, i si juxt uxtina tịvsat ār-sir eplịṅ rịxt, lēta eumaṅa us. si juxt kütịn ātel tịvsaṅen kat jux; ī jux nemịl us xannēxo lịl ōltịpsa, kimit jux nemịl jampa-ādịm-uitịpsa jux. „xun ōlịṅ jux-evịlt lēlten rịx, nem-xuntta palta ant pitleten i sorịm ant uitleten", tōrịm ṅuxmịs; a kimit jux ōlịṅịn tōrịm ṅuxmis: „tam jux rịx-evịlt al lēvaten; xun lēlten, isi xatl śax uśleten; si toġolpi mui-ārat jux rịx-evịlt īsat lēta ragịl".

1.
Zu des Menschen Aufenthalt befahl Gott eine angenehme Stelle auf der Erde hervor; darauf führte er den ersten Menschen, Namens Adam, dort ein. Gott befahl ihm da zu leben, zu arbeiten und diese Stelle zu hüten. Innerhalb dieser angenehmen Stelle wuchsen vielerlei Bäume, und es war ein Vergnügen auf diese Bäume zu blicken, und auf diesen Bäumen wuchsen vielerlei süsse Beeren, sie waren schmackhaft zu essen. Unter diesen Bäumen wuchsen allein (für sich) zwei Bäume; der Name des einen Baumes war die Verlängerung des Lebens des Menschen, der Name des zweiten Baumes der Baum des Erkennens des Guten und Bösen. „Wenn ihr Beeren von dem ersten Baume esset, werdet ihr euch niemals fürchten und ihr kennet nicht den Tod", sprach Gott; aber von dem zweiten Baume sagte Gott: „von den Beeren dieses Baumes esset nicht; wenn ihr esset, werdet ihr denselben Tag gänzlich sterben; diess ausgenommen ist es erlaubt, von den Beeren welcher Bäume es auch sei Alles zu essen."

Xannēxo uḷipsaja kuȓ vušmasel; śaltta-saġat vers duma
xannēxo kareka laṅṅiḷta, mui pada piris īsat voit kūtịn šeṅk
roxpịṅ voi, jemịṅ-voi. ḷu ḷipel laṅịs, simiś ḷepịḷtapsaiṅ jāsịṅin
ṅuxmịs Jeva pēl: „partasli tōrịm nenăn ant lēta matti jux-evịḷt?"
Jeva ṅuxmịs: „men īsat ḷēlmen mui-ărat jux rịxt; a si jux ōlịṅịn,
matot enmel si sünịṅ taġi kūtlapịn, tōrịm ṅuxmịs: al lēvaten ḷu-
evịḷtel, lep al raxaten, aštob nen al ušlaten". šịrtịn jemịṅ-voi
ṅuxmịs: „antom, nen ant ušlaten; a tōrịm ūllale, ašto si xatl-
evịḷt, xun nen ḷēlten si jux rịxt, ncn sēmlen punšaislaṅcn, i nen
sam torma jịlten pa üta pitlaten, mui jam, mui ădịm".

Imi aṅkịrmas jux uxtija i xulịmsa; „xoti-saġat jamịt si jux
rịget", numsịs undrel libin, „xun li-evịḷtel xannēxo si-mort nom-
siṅa jịl". pa ḷu usle rịx ant-partịm jux nū-evịḷt pa ḷēsle. śaltta
masle oigaiel, ḷu pa ḷēsle. sịrtịn punšaissaṅen len sēmlal, i
tami śos len kaisalaślan, ḷen ṅār-lomaltaṅen. len xolt jēlemsaiṅen,
pa īġa jersalasaṅen molti-ărat līpet i aṅtịptilsaṅen.

Der Teufel beneidet den Menschen um sein (glückliches)
Leben; zu Folge dessen fasste er den Entschluss, den Menschen in
die Sünde zn führen, wozu er das listigste Thier unter allen Thieren,
die Schlange, auserwählte. Er ging in sie hinein, (und) sprach mit
schlauen Worten zu Eva also: „hat Gott euch befohlen, von irgend
einem Baume nicht zu essen?" Eva sagte: „wir essen Alles, Beeren
von welchem Baume es auch sei; aber von diesem Baume, welcher
in der Mitte dieser angenehmen Stelle aufgewachsen ist, sprach
Gott: esset nicht von ihm, rühret ihn nicht an, damit ihr nicht
sterben werdet." Darauf sagte die Schlange: „nein, ihr werdet nicht
sterben; allein Gott weiss es, dass von dem Tage an, wann ihr die
Beeren dieses Baumes esset, eure Augen sich öffnen, und ihr selbst
zu Göttern werdet und anfanget zu wissen, was gut, was böse ist."
Das Weib blickte auf den Baum und wurde entzückt; „wie
gut die Beeren dieses Baumes sind", dachte sie in ihrem Innern,
„wenn der Mensch von ihnen dermassen klug wird". Und sie nahm
Beeren von den Zweigen des nichtbefohlenen (verbotenen) Baumes
und ass sie. Darauf gab sie davon ihrem Manne, (und) er ass auch.
Darauf öffneten sich ihre Augen, und sogleich sahen sie, dass sie
nackt (waren). Sie schämten sich sehr, und banden eine Menge
Laub zusammen und umgürteten sich (damit).

Xatl jetna jūm kem. pa xullaten tōrįm tur-sį̅, matot šušįs juxt kūtįn. paltap pa jĕlem-evįlt Adam imel pilna xanemasaṅen tōrįm veš-evįlt jux saija. tōrįm voxsale Adam pa lopįs: „Adam, xoda neṅ?“ Adam ńuxmįs: „xulsem neṅ tur-sįjen, śaltta palta-masem, sit pada, ma ṅār-lomalta, i sit-evįlt xanemasem“. tōrįm pa ńuxmįs luel: „xoi lōlįn neṅēn lopįs, neṅ ṅār-lomalta, jesli lōlįn neṅ ant lēsen si jux-evįlt, ma ant-partįm jux-evįlt?“ sįrtįn Adam ńuxmįs: „neṅ mįm imem manēm masle rįx si jux-evįlt, ma pa lēsem“. sįrtįu tōrįm ńuxmįs imija: „mui verta neṅ sidi versen?“ Imi ńuxmįs: „jemįṅ-voin ma xuśsajem, sit pada ma lēsen“. sįrtįn lopįs tōrįm jemįu-voi pēl: „sit pada, muija ṅeṅ sidi versen, oila panda mana; neṅ xon-soxen uxtina vaṅkila, nupten xuvat mįv lēva; kant ponlem neṅ kūtan i imi kūta pa neṅ ruten i imi rutel kūta; tami purmįl neṅ oxen uxtija, pa neṅ lu jot-laṅgilel tōg̣omlen“. imija pa lopįs: „neṅ uxtena kitlem ār käš-muš, pa lajrt käši kūtįn ev-pox tailen, pa neṅ oigaien neṅ num-

---

Es ist um die Zeit des zu Abend werdenden Tages. Und sie hören die Stimme Gottes, welcher zwischen den Bäumen hinschritt. Aus Furcht und Scham versteckten sich Adam und sein Weib aus dem Gesichte Gottes hinter die Bäume. Gott rief Adam und sprach: „Adam, wo bist du?“ Adam sagte: „ich hörte deine Stimme, darauf fing ich an zu fürchten, weil ich nackt bin, und aus dieser Ursache versteckte ich mich“. Aber Gott sprach zu ihm: „wer hätte es dir wohl gesagt, du seist nackt, wenn du nicht von dem Baume ge-gessen hättest, von dem von mir verbotenen Baume.“ Darauf sagte Adam: „meine von dir gegebene Frau gab mir Beeren von diesem Baume, und ich ass sie“. Dann sprach Gott zu dem Weibe: „warum hast du so gethan?“ Das Weib sagte: „ich wurde von der Schlange verleitet, darum ass ich“. Darauf sprach Gott zu der Schlange: „da du so gethan hast, geh' einen unglücklichen Weg (sei verflucht); krieche auf deiner Bauchhaut, iss dein Leben lang Erde; ich setze Hass zwischen dich und das Weib und zwischen dein Geschlecht und das Geschlecht des Weibes; dieses wird auf deinen Kopf treten, und du wirst in seine Ferse beissen“. Und zum Weibe sprach er: „auf dich sende ich viel Elend, und unter schwerer Krankheit wirst du Kinder gebären, und dein Mann soll über dich gross sein (über dich herrschen)“. Zu Adam aber sprach er: „weil du der Rede

pen un at ul". Adama pa ɫopịs: „xuu xultmasịn imen jasůa pa
ɫēsịn si jux-cvịlt, mịv ukśima at jil, šogatilman ɫētat ɫēɫen nupten xuvat". śaltta kim-vošatsa tōrịmịn sūnịń tagi-evịlt; pa tōrịm
sī loseɫe toxɫiů-tőrịm, matot tutịů alta-kēšin si jux ɫaulsaɫc.

---

2. Der Brudermord.

Adam ōlịń pox us Kain, kimit poġeɫ Aveɫ. Kain mịv ru-
pitman us, Aveɫ voi-xuɫ ɫavịlman us. ī-puš ɫen torma jir-poṛi
tūsṅen; Kaiu tūs poṛija mịv-evịlt eplịń ṛiget, Aveɫ ɫịlịů jir tūs.
torma mustịs Aveɫ jir, sit pada sistam undịr-evịlt, a Kain poṛi
torma ant mustịs, sit pada Kain ādịm undịr tais. sịrtịn Kain
sameɫ lipin moštasɫe kant, pa vešeɫ ādịm-xōrāspi jis kaut vůri.
sịrtịn tōrịm ńuxmịs Kain pēla: muija kantaśaɫen, pa muija venšeo
atma jis? vanta, karek vanịn ul, ɫueɫa aɫ mijanta". Kain, atmeɫ
xańatman, jiv-poġeɫ xāra tūsɫe pa toda ɫuti veɫsaɫe.

---

deiner Frau gehorcht und von jenem Baume gegessen hast, sci die
Erde verflucht, dich quälend magst du dein Leben lang das Essen
essen". Darauf wurden sie von Gott aus der angenehmen Stelle
herausgetrieben; und Gott stellte dorthin einen Engel, welcher mit
einem feurigen Schwert den Baum hütete.

2.

Der erste Sohn Adams war Kain, sein zweiter Sohn (war)
Abel. Kain lebte das Land bearbeitend, Abel lebte das Vieh hütend.
Einmal brachten sie beide Gott Opfer; Kain brachte als unblutiges
Opfer von dem Lande wohlschmeckende Beeren, Abel brachte leben-
des blutiges Opfer dar. Abels Opfer, weil aus einem reinen Inneren,
gefiel Gott, aber Kains Opfer gefiel Gott nicht, weil Kain ein
schlechtes Inneres hatte. Da empfand Kain in seinem Herzen Hass,
und aus diesem Hasse ward sein Gesicht von bösem Aussehen.
Darauf sprach Gott zu Kain: „warum bist du böse, und warum
ward dein Gesicht grimmig? siehe, die Sünde ist nahe, gieb dich
ihr nicht hin". Kain verbarg seine Bosheit, führte seinen Bruder
in's Freie und brachte ihn dort um.

S'altta tōrĭm lopĭs Kain pēla: „xoda ul jiv-poǵen Avel?“ Kain ńuxmĭs: ma ant ūlem; ma aḑa jiv-poǵem lavĭlta-xo?“ tōrĭm lopĭs luel: „mui versen? jiv-poǵen kali mĭv-evĭlt ūvĭl manēm; oila panda mana; paralaman ula mĭv uxtina“. sit uxti Kain pōtartas tōrĭm pēla: „ārta ma karekem un; ōlĭń xo, xoin ma uitlajem, mati vellalc“. a tōrĭm ńuxmĭs: „antom“, pa versale pos Kain uxtija, aštob nem-xojatĭn lu ant wella.

Sĭrtĭn Kain ī-pelka pautsas tōrĭm veš-evĭlt imel pilna. sōra tĭvs luel pox, nemĭl Jenox, pa xun Kain omsale voš, ńūǵumsale Jenoxa, si poǵel nemĭlĭn. śaǵa, xun Adam us kat sōt xūlĭmjań tal, tōrĭm masle luel kimet pox, matot nemĭn ponsale Sif. Tami jupin Adam pa us lābet sōt tal, pa tais ār ev-pox, evet poǵet. juǵĭt lu ušĭs; mĭv uxtin us jerjań sōt xūlĭmjań tal.

Da sagte Gott zu Kain: „wo ist dein Bruder Abel?“ Kain sagte: „ich weiss nicht; bin ich vielleicht der Wärter meines Bruders?“ Gott sprach zu ihm: „was hast du gethan? das Blut deines Bruders ruft von der Erde zu mir; sei verflucht; herumirrend sollst du auf der Erde leben.“ Darauf sprach Kain zu Gott: „meine Sünde ist zu gross; der erste Mann, von dem ich angetroffen werde, wird mich tödten.“ Aber Gott sprach: „nein“, und er machte auf Kain ein Zeichen, damit er von keinem getödtet werden sollte.

Darauf entfernte sich Kain mit seinem Weibe aus dem Gesichte Gottes. Ihm wurde bald ein Sohn, Namens Enoch, geboren, und als Kain eine Stadt gründete, nannte er sie Enoch, mit dem Namen dieses Sohnes. Nachher, als Adam zweihundertdreissig Winter alt war, gab Gott ihm einen zweiten Sohn, welchen er mit dem Namen Seth benannte. Danach lebte Adam noch siebenhundert Winter, und zeugte viel Kinder, Söhne und Töchter. Endlich starb er; er hatte neunhundertdreissig Winter auf der Erde gelebt.

3. Sodom und Gomorra.

Jetna jis, kat toxl̦iṅ-tōr̦im joxtsaṅen Sodom voša. si m̦iv uxtina us karekla ī xo, nem̦il us Lot. lu si toxl̦iṅ-tōr̦imṅen jaxtamanta xoiṅena taisale, kim-etes len jeśalta, jam nomsu poikśale lenti ät xolta lu xośaṅel; len sit uxtija kašaśasṅen. si-vošu jax ātal̦in Lot xōda āk̦itśast, pa kim-voxsel tam kat joxțim xo. kant-evilt laṅgaset jūr muxti lu xōdal laṅta; roman toxl̦iṅ-tōr̦imṅen semla versalen l̦iti (l̦ivti), si mort ašto ov̦it ant uitsel. sirțin joxțim katteṅen ṅūġomsaṅen Lota: „xoiat ke ruten si voš l̦ipin ul, puṅla tūve l̦uti, sit pada men kitsaimen tōr̦im̦in vollaverta si voš." Lot si jäșiṅet ṅuxm̦is lu venlal, a l̦iv top al-ṅaxatset lu uxtel̦in.

Top xuṅțil țiv̦im pora, toxl̦iṅ-tōr̦imṅen Lot tērmatta pitsalen, i xun Lot rōn̦is, len l̦uti imel pa eveṅel pilna uslalen jošev̦ilt i tērmata tūslen voš kimpija, pa l̦opsaṅen: „laulal l̦ilan pa joxla al aṅk̦irtīlate, al vol̦ijate tam jir̦in īsat". xatl top laṅṅ̦is, xun Lot pa voša joxțis. sirțin tōr̦im numilta šošm̦isle tuțiṅ jert

---

3.

Es ward Abend, zwei Engel kamen in die Stadt Sodom. In diesem Lande lebte ein Mann ohne Sünde, sein Name war Lot. Er hielt diese zwei Engel für hin und her wandernde Männer, ging hinaus ihnen entgegen, bat sie mit Wohlwollen bei ihm die Nacht zuzubringen; sie willigten darin ein. Die Einwohner dieser Stadt sammelten sich während der Nacht vor dem Hause Lots, und riefen die zwei angekommenen Männer heraus. Aus Bosheit wollten sie mit Gewalt in sein Haus eingehen; plötzlich machten die Engel sie blind, dermassen, dass sie die Thüren nicht fanden. Darauf sagten die zwei gekommenen (reisenden) dem Lot: „wenn jemand deiner Verwandten innerhalb dieser Stadt ist, bringe ihn weg, weil wir von Gott gesandt sind, diese Stadt zu vernichten." Lot sagte diese Worte seinen Schwiegersöhnen, aber sie lachten nur über ihn.

Kaum war es die Geburtsstunde der Morgenröthe, (als) die Engel anfingen Lot anzutreiben, und als Lot zögerte, fassten sie ihn sammt seiner Frau und seinen Töchtern bei der Hand und führten sie eilig aus der Stadt und sagten: „rettet euer Leben und blicket nicht zurück, (und) bleibet in diesem ganzen Lande nicht stehen."

Sodom pa Xomor uxtija, volla-versale si mivet īsat. si tagina, xoda siri us kašiṅ tagi, ul in xalim ili solaṅ śārcs. pa Lot imi toxliṅ-törim jāsiů ant xultmasle, joxla aṅkirmas, pa vanta, lu karemis solaṅ aṅkla.

4. Der barmherzige Samariter.

Ī xo šušis Ierusalim voš evilt Ierixon voša, uitantes xorakseta, matotet iṅxsel i ṅulmiṅa versel luti; śaltta manset, xaissel top līlel. sirtin si pant xuvat šušis pūp; lu kaiselasle, manis muxti. ī-sidi levit, matot sī joxtis, vansele pa šušis jel. juvōliṅ-mit uitsale luti muxti-šušim xo, matot-evilt ṅulmiṅ judei-xo nemmolti-ārat ant jemasles luel oṅtas, sit pada samar-jax kutiṅa uset judei-jax pilna. kaiseltam-alin šaľa jis pa lep šušis pa luel ṅulmal jersale pa šošinis liv uxtel sāxis pa una. śaltta ōmitsale

Kaum ging die Sonne auf, als Lot in eine andere Stadt kam. Da goss Gott von Oben Feuerregen über Sodom und Gomorrha aus, (und) vernichtete diese Länder gänzlich. Auf der Stelle, wo ehemals eine lachende Gegend war, ist jetzt das todte oder salzige Meer. Aber die Frau Lots gehorchte nicht dem Worte des Engels, blickte einmal zurück, und siehe, sie verwandelte sich sogleich in eine Salzsäule.

4.

Ein Mann ging aus der Stadt Jerusalem nach der Stadt Jericho, begegnete Räubern, welche ihn auszogen und ihn verwundeten; gingen darauf weg, liessen (ihm) kaum sein Leben. Da ging ein Priester längs dieser Strasse; er sah ihn, und ging vorbei. Gleichfalls sah ein Levit, welcher dorthin kam, ihn an und ging vorwärts. Endlich fand ihn ein vorbeigehender Mann, von welchem der verwundete jüdische Mann gar keinen Beistand für sich hoffte, weil die Samariter mit den Juden Feinde waren. Indem er ihn sah, that es ihm weh und er ging nahe hinzu und verband seine Wunden und goss auf sie Fett (Öl) und Branntwein (Wein). Danach

luti lu lonel uxtija, tūsle moiṅ-xōda, xoda lu joša-kura lavịlsale. kịmit xatl eselsas (eselsịs) puṅla, lautịs sēp-evịlt kat sēlvox, masle leuti xōdịṅ-xoja pa lopịs luel: „jamịś taijc luti, pa jesli ār ke mosl vox, ma neṅên soġoptalem, xun joġa kerlalem“. xoi in xūlịṅ-evịlt, neṅ nomsịn saġat, mosta-xo tomija, matot xorakset još uxtija lịkmes?

5. Das Segnen der Kinder.

Isus Xristos xośa vantịltalsajet ṅauramt pa tūtlasajet ontpịṅ ṅauramt, aštob lu liv uxtel ponsele jošṅel pa laslavitsele livtị ī-puš ver tịvịs, ūnltīta-jax ant laṅgāset lep eselta livti lu xośaṅel. Isus kaisales tami, pa tami nomsịla ant pitịs, pa lu lopịs livel: „eslalcn ṅauramt, pa toras al verate livel ma xośaṅem joxta, sit pada nūbịt-ulịpsa livel ragel; šop-alịn pötarlem neṅān: xoi ant

---

setzte er ihn auf sein Pferd, brachte ihn in ein Gasthaus, wo er selber ihn pflegte. Am zweiten Tage begab er sich fort, zog aus der Tasche zwei Silbermünzen, gab sie dem Hauswirthe und sagte ihm: „halte ihn wohl, und wenn mehr Geld nöthig ist, werde ich es dir bezahlen, wenn ich zurück kehre“. Wer ist nun von diesen dreien, nach deiner Meinung, der Freund (Nächste) dessen, der den Räubern in die Hände gerieth?

5.

Zu Jesus Christus wurden Kinder hingeführt und Wiegenkinder gebracht, damit er seine Hände auf sie legen und sie segnen sollte. Einmal ereignete es sich, (dass) die Jünger sie nicht zu ihm hereinlassen wollten. Jesus sah dies und es gefiel ihm nicht, und er sprach zu ihnen: „lasset die Kinder ein, und machet ihnen nicht Hindernisse um zu mir zu kommen, weil ihnen das ewige Leben zukommt; wahrhaftig sage ich euch: wer nicht das ewige Leben so wie ein Kind empfängt, der kommt nicht in dasselbe hin-

vil nūbit-ulipsa sidi xodi ńauram, sit ant lańel lu lipela". pa
lu ābilsale livti pa liv uxtel ponsele jošńel pa laslavitsele livti.

---

6. Der reiche Mann und Lazarus.

Ātel xo us tāsiń, lōmitśas jam ulāmin, pa lēs-jansis sūnińa.
us pa nuša ī xo, nemil Lasar, matot olis tāsiń xo kartiń ou xośa,
lovatelin vusiń-kāriń, pa lańgas lēta šūkit, matet kertlet tāsiń
xo pasan-evilt, pa āmpet joxtilset pa ńolliset lī lu-eviltel. jugit
nuśa xo ušis pa alsa toxliń-tōrimetin Avram šāš uxtija. ušis ī-
sidi pa tāsiń xo, pa lōttasi lu. pa vanta, tutiń-śāris lipin lu us
šukatilman, i puššale semńel noxla pa kaisalasle xuvin Lasar
Avram šāš uxtina pa ūtes pa ńuxmis: „Avram aśem, šalen xonta
ma uxtema, kita Lasar, at pošiltale jińkin lu luiel tī, pa at pōtl-
tale ma ńalmem: ma šukatillem tam tutiń tagin". Avram ńuxmis:

---

ein". Und er umarmte sie und legte seine Hände auf sie und
segnete sie.

6.

Ein gewisser Mann war reich, er kleidete sich in gute Kleider,
und ass und trank prächtig. Es war auch ein armer Mann, Namens
Lazarus, welcher an der Pforte des reichen Mannes lag, überall
mit Wunden und Schorf bedeckt, und wollte die Krümchen essen,
welche von dem Tische des reichen Mannes fielen, und die Hunde
kamen und leckten ihm den Eiter ab. Später starb der arme Mann
und wurde von den Engeln auf Abrahams Knie getragen. Gleichfalls starb auch der reiche Mann und er wurde begraben. Und
siehe, in dem Feuermeere (in der Hölle) befand er sich, Plagen
leidend, und öffnete seine Augen aufwärts und erblickte in der
Ferne Lazarus auf dem Knie Abrahams und rief und sagte: „Abra-
ham, mein Vater, zeige dein Mitleid mit mir, sende Lazarus, er
soll die Spitze seines Fingers mit Wasser befeuchten, und meine
Zunge kühlen; ich werde in diesem brennenden Ort geplagt". Abra-
ham sagte: „Sohn, erinnere dich, du nahmst dein Glück während

‗pṓšix, numilma, nen ūsen sṭnen liliṅa ulman, pa Lasar sirtin šuk tūman us; in lu tada amtitlal, neṅ pa Šukatillen; si numpina neṅ pa muṅ kūteuna ul un lōt, si·kem ašto taỉtta neṅ xošaṅen ant joxtla, ī-sidi toltta muṅ xošaṅeu ant joxtla". sirtin tāsiṅ xo ṅuxmis: „neṅti poiklem, ašem, kita luti ma ašem xōda; ul manēm vēt jiv-pox, lu at evilaptale livel tami, pa liv al joxtlet tam taġija".

––––––––

––––––––

du lebend warst, aber Lazarus lebte damals Plagen ertragend; jetzt freut er sich hier, du aber wirst geplagt; ausserdem ist zwischen dir und zwischen uns ein grosser Graben, von der Grösse, dass man von hier zu dir nicht kommt, (und) man gleichfalls von dort nicht zu uns kommt". Da sagte der reiche Mann: „dich bitte ich, Vater, sende ihn nach dem Hause meines Vaters; ich habe fünf Brüder, er soll sie überzeugen von diesem (Allem), und sie sollen nicht nach diesem Orte hinkommen".

––––––––

V. Die zehn Gebote.

1. Ma neṅ tormen uḷḷem; aḷ uḷḷet neṅ xośa pa tormet ma tompina.

2. loṅx neṅena aḷ vera, nem-moḷti si xōrpi, mui noman vantḷen, mui mū oxtina, pa mui jiṅket ḷipina i mū ḷipina; aḷ poikśa ḷieḷa i aḷ jiraśḷa.

3. aḷ kaśta tormen nem tākiḷa.

4. jemiṅ xatl nomman taja; jemiṅ voḷpasna pa jim verctna si xatlna ulta mosḷ; xōt xatl vera, i si xatletna ī-saġat-ulta xōtiṅ verlan soxnipta, a ḷābitmet xatl tōrim vōrna.

5. asen jima taija pa aṅken, sīršna oijaṅa mū oxtina voḷta pitḷen i xuv-nuptiṅa jiḷen.

6. xannēxo aḷ veḷa.

7. pa xo imi panna, evi panna muipa raġim nē panna aḷ jourtīja.

8. aḷ ḷoḷma.

9. ḷoxsen oxtija rōġip-jāsiṅ aḷ jasta.

10. aḷ ḷita raxtaten imi, aḷ ḷita vanna-taitata-xoijen xōt, anta lu mul, anta lu ḷeveḷ pa ort-nēl, anta lu kaḷaṅeḷ, anta lu ḷoveḷ i ī-saġat-ulta voi-xuḷeḷ pa ī-saġat sit, mui pa xoija pitḷ.

VI. Das Glaubensbekenntniss.

Ma eviḷḷcm ī tōrịm asija, ī-saġat katltata, tūrum pa mū tịltịmata pa ī-saġat sit, mui muñcu nịtat i an-nịtat.

ī-sidi eviḷḷem Isusa Xristaja tōrịm poġa, it sēma pitịmata, matat asi-eˀta sēma pits ī-saġat-ulta nuptet jelpi, navịja navị-eˀta etịmata, jena tōrịma, jena tōrịm-eˀta taimata, a anta tịltịmata; eviḷḷem ī-kcm asel panna ultata, i lu veielna ī-saġat ul.

ma eviḷḷem, si tōrịm pox numịlta-saġat voxlas mū oxtija, muń xannēxojet vōrna pa muñeu ūnltata kreket-eˀta, pa xannēxo el lulu oxtija vịs, jemịń lịl-eˀta, jemịń evi Marija-eˀta, i xannēxoja jis.

ma eviḷḷem, si Isus Xristos muń krekịń jax vōrna perna oxtija karti-luńkctna seńkịm us, šukasis i mūva samịltịm us.

pa eviḷḷem, lu sorịm-eˀta nox jilpalas xolmet xatlna, xoti jemịń nepketna sit ōlịńpēla xandịm.

eviḷḷem, num-turmet oxtija etlas, i ōmịsl lu tōrịm asel xośa jim-pēlak saġat.

ī-sidi eviḷḷem, si Isus Xristos pa joġotl num-tūrum-eˀta suditta lịlịnatet pa pasālịmatet, pa xāna ulta pitl vek-keša.

ma ī-sidi eviḷḷem jemịń lịla, matat lu tōrịm veielna volta lịl ī-saġata mal, pa tōrịm asi-eˀta etl, luel poikśata i sịjaltata mosl jịna pa poxna, lu lāltịpsajelna jemịń jax pōtarset.

ma eviḷḷem ī jemịń-xōta, mata Isus Xristos kitịm-jaxna pa lu xośa ūnltīta-jaxna mū lovatna ōmịssa.

ma eviḷḷem ī pernaja-loùġịltịpsaja, matatna xannēxo krek sistamśal.

naitśalem, pasālịmatet jilpalalet, pa lavịllem joġot ulta nūbịt-volịpsa: jena.

VII. Aus dem Evangelium Matthäi.

Das 1. Kapitel.

1. Isus Xristos rut-nepãk, Tavįt pox, Avram pox.

2. Avram tais Isak; Isak tais Jakop; Jakop tais Iuda i lu apsilal;

3. Iuda tais Fares i Zar, Famar imel-eľta; Fares tais Esrom; Esrom tais Aram;

4. Aram tais Minadav; Minadav tais Nasson; Nasson tais Salmon;

5. Salmon tais Voos, Raxav imel-eľta; Voos tais Ovit, Ruf imel-eľta; Ovit tais Jesei;

6. Jesei tais Tavįt xãn; Tavįt xãn tais Solomon, Urija imi-eľta;

7. Solomon tais Rovam; Rovam tais Avī; Avī tais As;

8. As tais Osaf; Osaf tais Oram; Oram tais Osī;

9. Osī tais Ofam; Ofam tais Axas; Axas tais Jesek;

10. Jesek tais Manas; Manas tais Amon; Amon tais Osī;

11. Osī tais Jekim; Jekim tais Jexon i lu apsilal, Vavilon voša kaslta jelpina;

12. Vavilon voša kaslįm jupina Jexon tais Salafil; Salafil tais Sorovaveľ;

13. Sorovaveľ tais Aviut; Aviut tais Eliakim; Eliakim tais Asor;

14. Asor tais Sadok; Sadok tais Axim; Axim tais Eliut;

15. Eliut tais Eliazar; Eliazar tais Matfan; Matfan tais Jakop;

16. Jakop tais Osip, Marija iki, mata evi-eľta tįs Isus, Xristos nemįtšatot.

17. i sidi ārat-tēl rutet Avram-eľta Tavit vonta ńelxōsjań rutet; i Tavit-eľta Vavilon voša kaslipsa vonta ńelxōsjań rutet; Vavilon voša kaslipsa-eľta Xristos vonta ńelxōsjań rutet.

18. Isus Xristos tīpsa si xōrāsna us. lu ańkel Marija, Osip panna kalliptim jupina, siri antom xun lin jeǵa volta pitsańen, leramas, lu undrelna tail jemjń ljl-eľta.

19. Osip lu ikel, jim xo ulman pa lu ōljńpēla sījaltta an litman, vitsilas sitaman lu pilna katna manta.

20. xun lu nomilmas sit, tōrim-levi ōlimna luel kabaśas, pa jastas: Osip, Tavit pox! al xurija vita Marija neń imen; lu undrelna tīmot jemjń ljl-eľta ul.

21. pox tail, pa nem luel ponlen Isus; lu lu murel šavjl li kreklal-eľta.

22. tami ī-saǵat etis sit vōrna, jena at ul tōrim-eľta jastimot jelli-jastata jemjń iki-eľti, matot pōtarl:

23. sī, evi undrelna vjl i tail pox, i nem luel ponla Emmanuil, mui ul: muń panna tōrim.

24. ōlim-eľta nox-rakinmalna Osip veris sidi, xodi tōrimlevi luel partis, i lu imel visle.

25. i an uśle luel si vonta, xun joǵot lu tais lu ōljń poǵel, pa iki nem luel pons Isus.

Das 2. Kapitel.

1. xun Isus sēma-pitas Viplejem Iudei vošna Irod xān ulimxatletna, sīršna mudra jax xola-pēlak-eľta Jerusalim voša joǵotset i pōtarlet:

2. xoda jilpa sēma-pitjm Iudei xān? muń lu tūrum-xūsel vantsu xola-pēlakna, i jogotsu luela ox ponta.

3. sit xulman Irod xān nōmisna ljllas i ī-saǵat-ulta Jerusalim voš-tēl mur lu panna.

4. i ākits ī-saǵat-ulta ox-pōpet i nepākjń jax mur-eľta, insisas li-eľtel: xoda mosl sēma-pitta Xristosa?

5. li jastaset luel: Viplejem Iudei vošna; jelli-jastata jemjń iki nepākna xandjm sidi:

6. i neṅ Viplejem Iudei mü, ncm-moltina aija an uḷḷen Iudei oxiṅ vošct kinśa; neṅ-eḯta ctl lavjlta-xo, matot ma Israiḷ murem šavḭḷ.

7. sīršna Irod, xanija mudra jax voǵjmna, xūs etjm-pora li-eḯteḷ purīḷīs.

8. i liel Viplejem voša kitmalna jastas: manat i tarjn-laman purījat ṅavjrem ōḷjṅpēla, pa xun uitleta luel, aikoḷ manĕm pajtat, ma manlem, luela ox ponlem.

9. li, xān partjpsa xulmelna, manta pitset, pa si xūs, mata li vantset xola-pēlakna, mans li jelpina, xun joǵot joǵots i lo-limtas si taǵa oxtina, xoda ṅavjrem us.

10. xūs lolimtjm kaśalamna li āmjtset šeṅk ūn āmtipna.

11. xōda loṅxset, kaśalaset ṅavjrem lu aṅkel Marija panna, i šānš-ox oxtija korjmna luel ox ponset; i li tāsel etltjmna luel moiljpsa tūset: sōrni, jemjṅ-oṅx pa jemjṅ-voi.

12. pa ōljmna liela partjpsa us tōrjm-eḯta, an kerlata Irod xośa, pa-sir jušna manset li jirel pēla.

13. li manmel jupina, sī, tōrjm-levi Osip xośa ōljmna ulman ctjs pa jastal: kila, ṅavjrem pa lu aṅkel vjja, pa xonta Jegipet mūva, pa ula toda si vonta, xun ma neṅēn jastalem; Irod xān tam ṅavjrem kašta pitl, velta luel.

14. lu kiḷjs, ṅavjrem pa lu aṅkel vjs āttjje, pa Jegipet mūva mans.

15. pa us toda Irod xan pasālata vonta; tōrjm jastjpsa saǵat jelli-jastata jemjṅ iki-elti, matot pōtarl: Jegipet mū-eḯta ma voxsem poǵem maotem.

16. sīršna Irod xan kaśalas ṅaxjpsa lu oxtina mudra jax-eḯta, šeṅk ljkaśas, pa kitas velta Viplejem vošna i ī-saǵat-ulta lu mūlalna xo-ṅavjremet, kat tal-eḯta aija, pora saǵat, mata mudra jax-eḯta purīs.

17. sīršna jelli-jastata jemjṅ iki Jcremija jastjmot veśkata jis, matot pōtarl:

18. sḭ Ramna śaśḷ, xoḷḷjpsa i seljpsa pa šeṅk numpi selu; Raxil xoḷlal lu evi-poxlal ōḷjṅpēla pa an litl volīta, xun li antomet.

19. Lrod xān pasāḷim jupina, sī, tōrim-lcvi ōḷimna pasi Osip xośa etltīśal Jeḡipet mūna ulman,

20. i jastal: kila, vḷja ńavirem pa lu ańkel, pa mana Israil mūva; ńavirem ḷịl kanḍimotet pasālaset.

21. lu kiḷis, vịs ńavirem pa lu ańkel i joḡots Israil mūva.

22. xuḷis, Arxelai xāna ul Iudei vošna lu ascl vola, paltamas toḡo manta, pa ōḷimna ulman partipsa xuḷis tōrim-eľta, puńla manis Xalilei mū uš oxtija.

23. pa toḡo joḡotmalna Nasarct-nempa vošna šešmaśas; jelli-jastata jemiń iket jāsiń saḡat, lu Nasarea nemitśal.

Das 3. Kapitel.

1. si xatletna Ivan tōrim pernaja-loṅgiltim iki joḡots, pa similtata pits tal Iudei mūna.

2. i jastal: kaitījat, sī, vanamas tōrim-nūbit.

3. lu sit, matot ōḷiṅpēla jelpi jastas jelli-jastata jemiń iki Isai, sidi pōtartman: ūta sị śaśl tal xār taḡana: juš tōrima taśtati, i pant luela paila leśatat.

4. si Ivan lūmitta-sax tais, pa mū lovi xorāsip voi varaseľta verim, pa āntiptīlśas ńugi-āntipna; a lu lēvipasel us (saranśa nempa) navi sēmiń-lant pa xār-voi mavi.

5. sīršna Jerusalim mur, Iudei mur ārat-tēl pa Ordan joḡan lakka ulta mur ī-saḡat etliset lu xośa,

6. i lu-eľtel pernaja-loṅgiltīset Ordan joḡanna, li kreklal sistamman.

7. Ivan, ār mur Fariset pa Saduket lu xośa jitotet pernaja-loṅxta kaśalamna, jastas liela: nuriń-voi-eľta tịmotet! xoi neńilana nōmis mas, xontta vanamim ḷik-eľta?

8. tūvati veśkat kaitipsa,

9. i al nōmisati neńilan ōḷiṅpēla, jastaman: muń asija tailu Avram; ma neńilana jastalem, tōrim neš tam kevit-eľta etltal evi-pox Avrama.

10. uš i lajim juḡet lēr xośa xoil: ī-saḡat-ulta jux, jim tịtipsa an taitot, il-sevirla pa tuta joutla.

11. ma neṅilan pernaja-loṅgillalam jiṅk lipina, kaitīta vōrna; ma jupem jitot ma kinśa tăk; ma neš an tīlem lu sopeklal allijita. lu neṅilan pernaja-loṅgiltata pitl jemiṅ līlna pa jemiṅ tutna.

12. sar lu jošclna, pa lu lant-sem pajtta-xārel sistaml i ākitl šomši-lant-semlal xošap lipija, a lant-pum an-xurlata tutna lāpitl.

13. sīršna Isus joġots Xalilei-eḷta Ordan joġan oxtija Ivan xośa, lu-eḷta pernaja-loṅxta.

14. a Ivan luel joġo kātlta pits, i pōtartas: maṅēm mosl neṅ-eḷta pernaja-lonxta, i neṅ mui ma xośa jilen?

15. Isus sit oxtija ṅuxmas luel: al kātla maṅēm; sidi minēmen mosl tarmatta ī-saġat-ulta veśkat ver. sīršna Ivan luel eslsale.

16. pa si sōrana, xun Isus pernaja-loṅxmal jupina jiṅk-eḷta etis, sīršna luel tūrum-xāret punḍaśset, i Ivan kaśalas tōrim līl, matot jis met toxliṅ-voi, pa voxliḷīs Isus oxtija.

17. siršna tūrum-eḷta pōtartta sī ūlim us: sit ma šeṅk mosta poġem ul, matot xośa ī-saġat-ulta ma jim nomsem.

Das 4. Kapitel.

1. si jupina Isus jemiṅ līlna tūvim us tal taġaja, kuḷ xusipsa vōrna.

2. ṅeljaṅ ātṅen pa xatlṅen uśltīm jupina joġot lēta laṅxmats.

3. sīršna lu xośa joġots xuśtot, i jastas: xun neṅ tōrim pox, jasta, tam kevit ṅaṅa at verśalet.

4. no lu jastas sit oxtija: jemiṅ xanḍipsa nepketna sidi jastim ul: xannēxò ī ṅaṅ lēvjman an vol, no ī-saġat-ulta tōrim uṅgil-eḷta etta jāsiṅetna.

5. si jupina kulna ālimsa luel jemiṅ voša, pa lośaltasa luel jemiṅ-xōt laṅgil oxtija.

6. pa jastal luel: xun neṅ tōrim pox ulen, il korīja; jemiṅ nepket xanḍipsajetna jastim ul sidi: neṅ ōḷiṅpēla lu levi-

lala partl šavịta neńēn, pa jošlal oxtina neńēn lūlajin, kevi oxtija neń kurenna al vańgịmlcn.

7. Isus jastas luel: jemịń ńepket xanḍịpsajetna ī-sidi jastịm ul: al xuśa neń tormen.

8. pasi kuľna vịsa luel pãl rēp oxtija, pa ī-saġat-ulta mū-tēl vošet i li tãślal luel šašilal.

9. i jastal luel: sit ī-saġat neńēn malcm, xun šanš-ox oxtija korịman manēm ox ponlen.

10. sīršna Isus luel jastal: puńla mana ma-eľta, kuľšiki; jemịń ńepket xanḍịpsana sidi jastịm ul: tōrịma ox pona, pa ãtel luel lušita.

11. sīršna kuľna xịsa luel; pa tōrịm-levịt joġotset i luel lušitset.

12. Isus Ivan turmaja omsịm ōlịńpēla xulman Xalileja mans.

13. i Nasaret xịmalna joġots i volta pits śāras-xōnịń vošna Kapernaumna, Saulon i Nefalim mū ušetna,

14. veśkat at ul jelli-jastata jemịń iki Isai jastịmot, matot pōtarl:

15. Saulon i Nefalim mū, pant oxtina śāras pēla, Ordan joġan xuvat, Xalilei pernala mur,

16. turmanna omịsta xannēxojet ūn novị tūrum kaśalaset, pa xuvna i sormịń iś-xōrna ōmịstoteta novị tūrum kaltmas.

17. si pora-eľta Isus sịmịltata i pōtartta pits: kaitūjat; sī, vanamas tūrum-nūbịt.

18. Xalilei śāras lep-šoštal saġat lu kaśalas kat jai-apsisańen, Simon Petịra nemịtmot pa Andrei lu apsel, matet śāras pitarna xōlịp ōmịtset; li xul velpaslata jax uset.

19. jastal liel: manati ma jupem, ma neńịlan verlem xannēxojet tōrịm mudrana velpaslata jaxna.

20. li i si śosna xōlịplal xịman manta pitset lu jupel.

21. tolta saġat jelšik pitmal lãtna kaśalas pa katten ī-jịpoxńen Jakop pa Ivan Savedei asel panna xōp lipina, li xōlịplal jontasman ōmịstotet; i lielal voxemas.

22. li i si śosna xōpel pa li asel xịset, i lu jupel manta pitset.

23. Isus jaṅgas Xalilei mu lovatna, li poikśata-xōtlalna ūnltaman tom nūbịt ōlịṅpēla, jim aikol sịjaltaman, pa ī-saġat-ulta mušet, ī-saġat-ulta kāšet xannēxojet kūtna tuṅ-tāka verman.

24. aikol lu ōlịṅpēla Sirija mū lovatna manịs, i lu xośa tūtlasa ārat-tēl mušịṅotet, ār-sir mušetna i xoṅsta joumotet, i kuľna loṅgịmotet, i tịlis-mušna ulịmotet, i veila joumotet; i lu tuṅ-tāka lielal vers.

25. i lu jupel šeṅk ār mur jis Xalilei-eľta, pa jaṅ voš-eľta, pa Jerusalim-eľta, pa Ordan joġan pa pēlak-eľta.

Das 5. Kapitel.

1. mur kaśalamna lu rēp oxtija xuṅịs, pa xun omsas, sīršna lu xośa joġotset lep lu ūnltīta-jaxlal.

2. lu uṅlel pušmal jupina ūnltata pits lielal sidi:

3. oijaṅet sitet, matet lịlel saġat koṅara vollet; li vōrna tūrum-nūbịt ul.

4. oijaṅet xollatotet; li kašịṅa jilet.

5. oijaṅet, matet rōmet; li jemịṅ mū jukantlet.

6. oijaṅet, matet kanḍlet i litlet veśkat ver; li tarma-tiṅa jilet.

7. oijaṅet, matet xannēxo ṅatśalet; si jukana liel ṅatśala.

8. oijaṅet sistam-sāmpotet; li tōrịm kaśalalet.

9. oijaṅet, matet šitaka vollet; sit vōrna li tōrịm poġetna nemịtśalet.

10. oijaṅet sitet, matet vošatlajit veśkat ver vōrna; li vō-rịnelna tūrum-nūbịt ul.

11. neṅ oijaṅet, xun neṅịlan ṅavrīta, vošatta, ār-ūrna ne-ṅịlan tākịlije lavịtta pitlajitan, ma vōrna.

12. āmtịtlat i kašịṅa ulat; neṅịlana ūn justam ul turmet oxtina. ī-sidi vošatsajit jelli-jastata jemịṅ iket, neṅịlan jelpi ulịmotet.

13. neṅ mū sol jukana ulleta; xun sol lu veijel uštal, sīršna muina luel verlen solaṅa? lu uš nem-moltija an patịmtta pitl, top luel kim-joulmata ragịl, xannēxojet kuret ilpija.

14. neṅ mura novį jukana ulleta; voš an puśl laṅkįśata, rēp oxtina loiman.

15. pa asveśa usįptįmna put ilpija an ōmįtla, no nur oxtija, i novį verl ī-saġat xōt lipina ulta mura.

16. sidi novįja at ulleta neṅ xannēxojet jelpina, li at vantset neṅįlan jim veret, i neṅįlan tōrįm asen sit vōrna at sįjalset.

17. al nōmįsat, ma joġotsem sud-sir muipa jelli-jastata jemįṅ jax nepket pa-saġat verta: ma antom pa-saġat verta joġotsem, no sitet tarmatta.

18. ma jena neṅįlana pōtarlem: sōraja tūrum i mū volla manl, a sud-sir-elta neš ī xandįpsa-pos mola ī śurtįpsa an manl sidi, xun ī-saġat tarmatįm an jil.

19. pa sidi, xoi tam ai pamtįpsajet-elta it pa-saġat verl, pa sidi xannēxojet ūnltal, sit tūrum-nūbįtna aija nemįtśal; no xoi tam pamtįpsajet saġat verl pa sidi ūnltal, sit tūrum-nūbįtna ūna nemįtśal.

20. ma neṅįlana jastalem: xun neṅ veśkaten nepāķįṅ jax pa joraśta jax veśkat numpija an pitl, sīršna tūrum-nupta an loúxleta.

21. neṅ xulseta, mui jastįm us iś jaxa: al vela; xoi xannēxo vel, sit suda pitl.

22. a ma neṅįlana jastalem: kuš-xoi tāķįlįje lįkaśatot lu lampa-xo oxtija suda pitl; a xoi lu lampa-xoja jastal: „neṅ sumpxo“, sit ox-suda pitl; xoi jastal: „neṅ jēlemla xo“, si xo tutįṅ śārasa joulmata ver ul.

23. sīršna, xun neṅ jiren tūlen tōrįm-xōta, pa seda nōmįlmalen, lampa-xojen neṅ oxtija molti nur tail;

24. neṅ jiren seda xįja tōrim-xōtna, pa mana, siri jimaśa si xojen panna, pa sīršna joxta i neṅ jiren tōrįma tūva.

25. jimaśa sōraja neṅ nurįṅ-xojen panna, juš oxtina ulten pulaú, nurįṅ-xojenna neṅēn sud-xoja al masajin, a sud-xoua al masajin turma-xōt šavīta-xoja, pa al joutsajin neṅēn turma-xōt lipija.

26. jena jastalem neṅēn: an etlen tolta si vonta, xun an malen xįsįm vox-pēlak.

27. neṅ xulseta, mui jastịm us iś jaxa: raxta-nē, pa xo nē mola evi panna al jourtīja.

28. a ma neṅịlana jastalem: kuš-xoi ankịrmal imi oxtija krek verta nōmịsna, si xo si nē pilna lu sämelna krek vers.

29. xun neṅ jim-pēlak sēmen neṅēn xuśl, menma luel i puṅla neṅ-eĭta joulma; jima neṅēn jil, xun neṅ naklan-eĭta ī-matta nak at ušl, anta neŭ ńoġajen ī-saġat tutịṅ śārasa joulmala.

30. pa xun neṅ jim-pēlak jošen xuśl, xol-sevịrma, pa neṅ-eĭta puṅla joulma; jima neṅēn jil, xun neṅ naklan-eĭta ī nak at ušịs, anta ńoġajen ī-saġat joulmala tutịṅ śārasa.

31. ī-sidi jastịm us: xoi lu imel pilna katna-manl, si xo at mal luela katna-manta-nepăk.

32. a ma neṅịlana jastalem: xoi katna-manl lu imel panna anta pa xo panna krek vermel sajit, si xo partl luel pa xo panna krek verta; pa xoi katna-manịm nē pilna ventśatịl, si xo si imi panna krek verl.

33. ī-sidi neṅ xulseta, mola jastịm us iś jaxa: ńoltịpsajen pa-saġat al vera, no sidi vera, xodi ńoltsen tōrịm jeśalt.

34. a ma neṅịlana jastalem: volla al ńolta, anta tūrumna, sit lu tōrịm ōmịsta jemịṅ pasana ul;

35. anta mūna, lu tōrịm kuret ilpi taġa; anta Jerusalimna, sit lu ūn xăn voša ul;

36. anta neṅ oġenna al ńolta; neṅ an puśłen neš ị ūbịt novịja muipa pitija verta.

37. no at ul neṅ ńoltịpsa-jāsịṅen: pa-xodi, pa-xodi; antom, antom; a mui si numpija ul, sit kuĭ-eĭta.

38. neṅ xulseta, mui jastịm us: sēm sēm jukana, pa peṅk peṅk jukana.

39. a ma neṅịlana jastalem: neṅēn kētịmta xoja al jerśa; no xun xoi xatṯal neṅēn jim-pēlak venš-puṅlena, šašịmta luel kimet venš-puṅlen.

40. i xoi litta pitl suda manta neṅ pilna jernasen neṅ-eĭta vịta vōrna, mịja luel i kaftanen.

41. pa xoi neṅēn voxta pitl ī versta, mana lu pilna katten.

42. neń-eľta voxta xōja mīja, pa pitsaja neń-eľta vịta laṅgāta xo-eľta al xonta.

43. neń xulseta, mui jastịm us: neń ī-sirpa xojen mustija taija, pa lịkịńa ula neń kutịń-xojen pilna.

44. a ma neńịlana jastalem: mustija taijat neńịlan kutịńjaxlan, jim jāsịń jastat neńịlan lavịttotet ōlịńpēla, jim verat neńịlan panna lịkịńa ultoteta, i tōrịma poikśat neńịlan šukattotet pa vošattotet ōlịńpēla;

45. at jilta ncù tûrum asen poģetna; tu partl tu naila ellịta ādịm i jim xannēxojet oxtija, pa jert kitl veškatotet i veškatla jaxet oxtija.

46. xun neń mustija taita pitleta ncnịlan mustija taitotet: sīršna mui-sir justam lavịlta pitleta? pa mur vox ākịtta-jax ī-sidi an verlet?

47. i xun ragija ulleta neń lūxịslan pilna: mui moltas verleta? pa pernala jax ī-sidi an verlet?

48. ulati neń sidi veśkata i sistama, xodi veśkat i sistam neńịlan tûrum-asen.

Das 6. Kapitel.

1. xurijat neń jim veren verta xojet sēmet jelpina si vôrna. neńịlan li at vantset; si antom neńịlana nem-molti justam neń tûrum asen-eľta an jil.

2. i sidi, xun neń jim ver verlen, al sịmalta neń sit ōlịńpēla, xodi verlet rōgịp-vešpa jax poikśata-xōtlalna i kamịnna xannēxojetna lielal at īšiklajit. ma jena neńịlan pōtarlem: li uš vịset liela justam.

3. neń milostịńa sidi mīla, neń pua-pēlak jošen al uśl, mui verl jim-pēlak još.

4. neń milostịńajen at ul xanija; pa neń tûrum-asen, xanịjot vanttot, sēm vantman neńēn mal.

5. i xun poikśalen, al ula rōgịp-vešpa jax idi, matet mustija tailet poikśata-xōtlalna i voš-xāretna poikśata lolịmtta, xannēxojetna liel al vantlajit. jena neńịlana jastalem: li uš vịset liela justam.

6. neṅ xun poikśaleu, neṅ ādel xōtena loṅga, pa, neṅ ju-penna ovi tuxrimna, poikśama neṅ tōrim asena, matot an ṅila; pa neṅ si asen, xanijot vanttot, sēm vantman neṅēn mal.

7. poikśatanna moltas jäsiṅet al pōtartat, xodi verlet per-nala jax; li nōmislet, li ār potrelna xullajit.

8. li xōrāspija al juvati; neṅ tōrim asen uśl, mui-sir nūša tailata, neṅ lu xośa voxten jelpi.

9. neṅ sidi-saġat poikśat: muṅ asieu, turmet oxtina ultot! neṅ jemiṅ nemen muṅ xośa jemiṅ at ul;

10. at joġotl neṅ tūrum-nupten; neṅ kašen at ul i mū oxtina xodi tūrum oxtina;

11. ṅaṅ muṅ mosta lēvipaseu mīja muṅeu tam xatl oxtija;

12. i esla muṅeu muṅ kreklau, xodi i muṅ esljlu kūteuna kreklau;

13. pa al esla muṅeu xusipsaja pitta; no muṅeu šavīja kuľ-eľla. neṅ xośa ul tūrum-nūbit, i vei, i sīmiltipsa nūbit xuvat jena.

14. xun xannēxojeta li kreklal eslta pitlata, i neṅ tūrum-asen esl neṅilana.

15. a xun xannēxojeta li kreklal eslta an pitlata, i neṅ tūrum-asen an esl neṅ kreklan.

16. xun uśa pitlata, al ulata kašla-xōrpet, met rōgip-vešpa jax; li neman kašla xōrās vilet li oxtel, xojetna at vantlajit, li uśa pitset. jena neṅilana pōtarlem: li uš visct licla justam.

17. neṅ uśa pitten jiršna neṅ oġen ṅosita, pa neṅ venšen logita:

18. xannēxojetna neṅ uśa-pitim-veren al uśla, no neṅ tū-rum-asenna at uśla, matot an ṅila; pa neṅ asen si, an-ṅitot vant-tot, sēm vantman neṅēn mal.

19. al aktata neṅilana mū oxtina tās, xoda njūk-voina pa samina volla verla, xoda lōlimta-jax ilta-saġat xirman loṅxtilet pa lōlimlet.

20. no aktati neṅilana tās tūrum oxtina, xoda anta njūk-voi anta sami volla an verl, xoda lōlimta-jax ilta-saġat xirman an loṅxlet pa an lōlimlet.

21. a xoda ncû simiś jemįń tāsen ul, toda i neń sämen ulta pitl.

22. sēmeu tut-novį jukana ul elcna. xun ncû sēmen sistam. sīršna elen ī-saġat novįja ulta pitl.

23. xun neû sēmen ādįm, sīršna neû elcu ī-saġat patlema ulta pitl. pa xun neń lipina ulta novį turmana lungitśal, sīršna mui jil, xun neń lipina turman?

24. nem-xojat an puśl lušitta kat jora: muipa ittel lįkįńa taita pitl, a kimetotel mustija taita pitl; muipa itla tārįnlata pitl, a kimetotel ōlįûpēla an tārįnlata. an puśl tāsa i tōrįm lušitta.

25. si vōrna pōtarlem neńįlana: neń lįlenna al śuksimati. mui neń lēta pa jaśta pįtleta; anta clen olįûpēla al šukaśat. muina sōmįtśata; lįl lētot kinśa pa el sōmįtta-sax kinśa üna an ul?

26. ańkįrmati tūrum toxlįń-voijet oxtija: li anta lant ōmįtlet, anta evįtlet, anta ākįtlet xošapet lipija; neń tūrum-asenna lielal lapįtlajit. neń il kinśa xuv taġa jima an ulleta?

27. pa xoi ncû-eľta, nōmįsna šukaśmao, puśl cnmįltata lu-luel kuš ī još-sur pālat-kem?

28. pa sōmįtta-sax olįûpēla mui nōmįsna šukaśleta? vantati xārua ulta loġet (?) oxtija, xodi-saġat li ēnįmlet; au tārįnlalet, anta jeńgįtlet.

29. a ma neńįlana jastalem, neš i Solomon xān, ī-saġat-ulta sįelna ulman, sidi an lūmįtlįs, xodi kuš-matot li-eľta.

30. xun xārna ulta pum, matot tam-xatl ēnįml, a xoleiï kōr lipija joulmala, tōrįm sidi lumtiptal, evįlat, neńįlan si num-pija lumtiptal.

31. al nōmįsat i al jastat: mui muû lēta pitlu? mui jaśta: muina sumtiptįlśalu?

32. sit ī-saġat pernala jax kaudlet; ncû tūrum-ascn uśl neń ārat-tēl nūšalan ōlįûpēla.

33. ōlįńna kandati tōrįm xośa ulta nübįt pa lu veśkatel. a sit ī-saġat mīśal.

34. sīršna xoleit-xatl ōḷịñpēla nömịsna al šukaśat. xoleit-xatl lu-lu nómịsata pitl lu mukḷal ōḷịñpēla; tarmal xatl luñkti keša lu-lu mukḷal.

Das 7. Kapitel.

1. sud al verati pōḷịs-jāsịᶙna, neñịlan suditta al pitlajita.

2. mui sudna suditlata, ī-simiś sudna neñịlan suditta pitla; pa mui mortna mortalaleta, ī-simiś mortna neñịlana mortalata pitlet.

3. pa mui neñ vautlen lampa-xojen sēmna ulta luñk oxtija, a neñ sēmenna ulta pаịrt au xullen?

4. muipa xodi-saġat jastaleu neñ lampa-xojenna: mīja, ma neñ sēmen-eľta luñk kim-vịlem, xun neñ sēmenna talañ pаịrt ul?

5. rōġịp-vešpa xo! siri neñ sēmen-eľta pаịrt kim-vịja; pa sīršna kaśalalen, xodi-saġat vịta luñk lampa-xojen sēm-eľta.

6. al mījati jemịᶇ pūkịtotlan ūmba; pa al joulati tinịᶙtunen pursịt šošilīta-taġaja, kurlalna al pōrịntlalal, pa joġoś kerlatelna neñịlan āra al maṇḍịlajita.

7. voġati, i mīśal neñịlana; kaṇḍati, i uśleti; ova seᶙkati, i pušlet.

8. ī-saġat kuš-xoi voxta-xo vịl, kaṇḍta-xo uitl, i ova señxta-xoja puṇḍlet.

9. ul-mui neñ kūtenna simiś xo, matot, xun lu poġel voġịl lu xośa ᶙañ, mas kevi?

10. pa xun voġịl xul, mas luel jemịᶇ-voi?

11. sīršna, xun neñ, atmet ulman, xošlata jim mīpsa ncñ ᶇavịremlana mata, si numpija neñ tūrum asen mal ī-saġat-ulta jim lu xośa voxtoteta.

12. pa sidi ī-saġat-ulta verna, xodi litleta, xannēxojet ncñ pilna at nerīset, sīršna ncñ ī-sidị nerījati li panna. sit vōrna sud-nēpäk i jelli-jastata jemịᶙ iket nepket ullet.

13. loñxtījati jermat ovetna, sit pada, vịtịᶇ ovet pa leśkam juš tᶙlet xalta-sorma; i sitet xuvat ār-xojatet jilet.

14. xodi vaś ovet pa jermat juš, matet tūlet jemjù volpasa, pa xodi-saġat šimil xojatetna licl uitlajit!

15. lavjlśaman ulati rōgip jelli-jastata jax-eřta, matet neńjlan xośa joxtjlilet oš soxna, a li undrelna jēvjr-lampa ullet.

16. li tīpsalal saġat uślalan licl. ākjtlet-péla andj-jux-eřta vina-rjx, mola pelpjù-vandi-eřta epljù-rjget?

17. sidi ī-saġat-ulta jim jux jim tjltipsajet verl, a ādjm jux ādjm tjltipsajet verl.

18. jim jux ādjm tīpsa an verl, pa ādjm jux jim tīpsa ī-si an verl.

19. ī-saġat-ulta jux, jim tjltipsa an vertot, sevjrla pa tuta joutla.

20. sidi liel moštalan li tjltipsalal saġat.

21. anta xojat xo, jastatot manēm: tormjje, tormjje! tūrum-nupta loṅgjl, no ma asem kaš saġat vertot, matot turmet oxtina ul, sit tūrum-nupta loùgjl.

22. si xatlna ār-xojatet jastalet manēm: tormjje, tormjje! muṅ neṅ nemenna jelli ver an jastasu-mui? pa neṅ nemenna kuřet xannēxojet-eřta kim an vošatsu-mui? pa neṅ nemenna ār piś an versu-mui?

23. sīršna liel leramtlem: ma neńjlan nem-xunti an uśsalam; puṅla manati ma-eřta, ādim ver vertotet.

24. sidi kuš-xoi, matot ma si jāsjṅlam xul, pa sitet saġat verl, nomsjṅ iki xōrāsa tailem, matot lu xōtel omtjs kevi oxtina:

25. jert manta pits, joġan jiṅket ēpjtset, i votet poltta pitset, pa ī-saġat si xōt oxtija ellaset, i lu illi an pits; kevi oxtija omtjm vōrna.

26. a kuš-matta xo si ma jāsjṅlam kuš xul, pa sitet saġat an verl, nōmjsla xo xōrāsa ul, matot lu xōtel ōmjts sei oxtina:

27. jerta jis, joġan jiṅket ēpjtset, i votet poltta pitset i si xōta vortaśset; i lu illi korīs, i lu korīpsajel šeṅk veiṅ us.

28. xun Isus si jāsjṅet soxnjptas, mur lu ūnltjpsajel ōljṅ-péla jāsjṅla pits pasi:

29. lu ūnltas liel met vei taitot, a anta xodi nepäkjṅ jax pa orkaśta jax.

Das 8. Kapitel.

1. xun lu rēp-eľta voxlas, lu jupel är mur manta pits.

2. seda lep-jogots mušiu̇ xo i, ox ponman luel, jastas: tormije! xun litlcn, manēm sistama vera.

3. Isus, još jel-mcḍimna lu xośa xanimtas, pa jastas: laṅgalem, sistama juva. i lu ī-si kurimna sistamtīs muš-eľta.

4. Isus jastas luel: xuriman ula; nem-xojata al jasta; no mana, pafka xośa vanltīśa, pa tōrima jir vera, mui-sir Moisci sudnēpäkna partis, ulti-ver pada liel.

5. xun loṅgis Isus Kapernaum voša, lu xośa šušemas sotnik, i poiks luel,

6. jastal: tormije! levem olal ma xośa xoṅsman, i šeṅk šukaśl.

7. Isus jastal luel: ma joġotlem, talaṅa verlem luel.

8. no sotnik, joġoś ṅṅġumman luel, jastas: tormije! ma an lollem, neṅ ma xōtema at loṅxscn: a top jasta jūsiṅ, i ma lcvem tuṅ-tāka jil.

9. ma kuš vei ilpina ullem, no manēm pitim läl-jax tailem, i xoja jastalem: mana, i manl; pa pa xoja jastalem: juva, i joġotl; pa ma levema: sit vera, i verl.

10. sit xulimna Isus serimtas, i lu jupina jitoteta jastas: jena neṅilana pōtarlem: anta Israil mūna ma an uitsem simiś evīpsa.

11. pa jastalem neṅilana, är-xojatet joġotlet xola-pēlakeľta i kevi-pēlak-eľta, pa Avram, Isak i Jakop panna tūrum-nūbitna ulta pitlet.

12. a tūrum-nūbit poġet patlem turmaja joultalajit; toda xollipsa pa peṅkna śerkemapsa jil.

13. Isus sotnika jastas: mana, i xodi neṅ evisen, sidi i at ul neṅēna. i lu lcvel ī-si śosna tuṅ-tāka jis.

14. Isus Petr xōta joġots, i kaśalas lu untpel-imi tutmušna xoitot.

15. luel jošel-eľta xun visle, i tut-muš luel xīs. si nē nox kilis i luel lušits.

16. jetna-pelka lu xośa ār-xojatet tūsa kułna loṅgimotet, i lu jāsiṅna si kułet kim-vošats, pa ī-saġat mušiṅotet tuṅ-tāka vers:

17. jelli ulta-ver jastata jemiṅ iki Isai jastim saġat at us. matot pōtarl: lu lu oxtela viste muṅ kāšilau, mušlau almis.

18. Isus, ār mur lu muġoltogija kaśalamna, ūnltīta-jaxlala partis pa pelka undta.

19. i nepākiṅ xo lep-šušemas, jastas luel: ūnltata-xo! ma neṅ jupenna manlem, kuš-xolta neṅ al mansen.

20. Isus jastal luel: voxsaret oṅx tailet, pa tūrum toxliṅ-voijet tixlet; a xannēxo pox an tail taġa, xoda kuš oġel lep-ragiltta.

21. paot lu ūnltīta-jaxlal-eła jastas luel: tormije! esta manēm siri manta i ma asem sāmiltta.

22. Isus jastas luel: juva ma jupem, xīja xalimoteta ł xalalal sāmiltta.

23. xun lu lelis xōp lipija, lu ūultīta-jaxlal manta pitset lu jupel.

24. šeṅkap śāras oxtina ellas šeṅk ūn votās, si mort, xōp xumpetna tēmta pitsa; a lu xois.

25. lu ūnltīta-jaxlal, lu xośa šušimelna, nox-kiltata luel pitset, jastaman: tormije! muṅ lillau etlta, muṅ si xallu.

26. jastas liel: mui-eła neṅ pākinseta, šīmil evīpsa taito-tet? sīršna kilmalna an-partis vota poltta i śarasa xumpetna ellata; i numpi teviṅa jis.

27. jax nox-serimman pōtarset: xoi tami? votet pa śāras luel xulintlet.

28. xun lu pa pelka undis Gergesinsk jira, ješalt uśantset luel katten kuł-taitotet, xom-juġet-eła etimotet, si-kem parpiṅet, neš nem-xojat si juš muxti manta an eslaset.

29. roman uvitta pitset i pōtarset: mui neṅēn muṅ vōrna ver, Isus, tōrim pox? ti joġotsen pora jelpina muṅeu šukatta?

30. jelnašik li-eła laviłśaset ūn purset-pākit.

31. kułet poikśset luel, sidi jastaman: xun muṅeu vošatlen, sīršna parta muṅeu manta pūris-pākita.

32. jastas liel: manati. li etmelna loûxset purset-pākịt lipija i roman pūrịs-pākịt ī-saġat navịrmas rēp-eľta śārasa i śuilas jińketna.

33. lavịlịm-jax xuġolmaset; pa voša joġotmelna torla jastaset ī-saġat ulịmot ōlịńpēla i kuľ-taimotet ōlịńpēla.

34. ī-si kurịmna ī-saġat voš-tēl mur etịs Isus ješalt, pa luel kaśalamna poikśset li mūl-eľta puńla manta.

Das 9. Kapitel.

1. sīršna lu xōp lipija lonxmalna joġoś unḍịs i joġots lu vošela.

2. seta tūsa lu xośa końsman veila pitịmot, ūlịntta-jux oxtina oltot. Isus, li evịpsal vantman, veila xoja jastas: ješaśa, aije! neń kreklan eslśalet neńēna.

3. si pulań ī-mattotet nepākịń jax-eľta li roda jastaset: lu tōrịm lavịtl.

4. Isus, li nomsel uśman, jastas: mui vōrna neń atmaś sāmlanna nōmịslata?

5. mui kōna ul, jastata-mui: eslśalet neńēn kreklan, mola jastata: kila pa jańga.

6. uśati neń, xannēxo pox vei tail mū oxtina krekct eslta. sīršna jastas veila xoja: kila, lermịpsajen vịja, pa mana neń xōtena.

7. lu kilịs, lu lermịpsajel vịsle, i manịs lu xōtela.

8. mur, sit vantman, serịmtas i tōrịm išiks, matot mas xannēxojeta simiś vei.

9. tolta-saġat mantelna Isus kaśalas xannēxo, aktịpsajet ākịtta-taġana ōmịstot, Matvei nemel, pa jastas luel: juva ma jupem. lu, kilmalna, lu jupel manta pits.

10. xun Isus omsịs pasanna lu xōtelna, sīršna ār aktịpsa-ākịtta- pa krekịń jax joġotset i ōmịsset Isus pilna pa lu ūnltīta-jaxlal pilna.

11. sit kaśalamna orkaśta-jax jastaset lu ūnltīta-jaxa: mola verta neń ūnltata-xojen lēl pa jansl aktịpsa-ākịtta- i krekịń jax pilna?

12. Isus, sit xulimna, jastas liel: tuń-tākotet an tailet mui lekkarna, no mušinotet.

13. manati, unlusat, mui-sir sit jastipsa: jim ver litlem, i anta jir. ma joġotsem anta veśkatotet, no krekińotet voxta kaitm.

14. sīršna joġotset lu xośa Ivan ·ūnltim-jax, pa jastalet: mola vörna muń pa orkaśta-jax ār-puš uś verlu, a neń ūnltita jaxlan an uśltilet?

15. Isus liel jastas: moi-pori oxtina ultotet tiśtalet-mui mui mośa li pilna veń-xo? sar joġotlet xatlet, xun li-eïta viśal veń-xo; sīršna uś taita pitlet.

16. nem-xojat an ponl jolipta jilip sax-eïta karra sax-oi tija: jilip jolipta menimśal sax-eïta, i vis karraot kinśa atma jil

17. ī-sidi an šošimla jilip vina karra xiret lipija; antak pelka orimalet si xiret, i vina kim manl, i xiret ušlet. no jilip vina ponla jilip xiret lipija, i šavīśal sit i paot.

18. xun lu sit pötars liela, ī-mattot sud-jax-eïta joġots i ox ponman luel, pötars: ma evem in ušta pits; joxta, neń jośer lu oxtija pona, i lu liliña jil.

19. Isus kilmalna manta pits lu jupina, i lu ūnltīta-jaxlal

20. seta ādim vir-manipsana katxōsjań tal šukasim im jolta-saġat šušemimna, xanimtas lu saxlal sil xośa.

21. si nē lu roda pötars: xun top xanimlem lu saxlal xośa, tuń-tāka jilem.

22. Isus joġoś ańkirman i luel kaśalamna jastas: ješaśa: evi! neń evīpsajenna nox-visajin. i si imi ī-si śosna tuń-tāka jis

23. xun Isus joġots si sud-xo xota, kaśalas ōńitna jontote pa jax liltipsana;

24. sīršna jastas liel: kim etati; evi an ušis, no xoil. ńaxset lu oxtel.

25. xun jax kim-kitimet uset, lu lońxmalna luel jošel-elt visle, i evi jilpalas.

26. i sī mans sit ōljūpēla ī-saġat si mū lakka.

27. xun Isus tolta-saġat jis, sēmli katten lu jupina jit saġat ūviset i pötarset: jim nömis kerta muń oxtija, Isu Tavit pox!

28. xun lu joġots xötna, sīršna šušemaset lu xośa si sēmlet; pa Isus liel pōtarl: evilleta-mui, ma tami verta puślem? li jastalet luel: evillu, tormije!

29. sīršna lu, li sēmlal xośa xanimśaman, jastas: neń evipsajen saġat at ul nenilana.

30. i li sēmlal punḍaśset. parpiña an-partis liel Isus, jastaman: xurijati, nem-xojatna al uśla.

31. a li, etmelna, sijalset, lu ölįñpëla si mū lovatna.

32. li ettel pulañ lu xośa tüsa ñälimla kulna loṅgimot.

33. kul vošatįm jupina ñälimlaot pōtarta pits. pa mur, nox-serimman, pōtartas: nem-xundi simiś piś an vantįm us Israil mūna.

34. orkaśta-jax pōtarset: lu kulet vošatl kim li kaña-sel-elti.

35. Isus jaññas ī-saġat-ulta ñn i ai vośet saġat ūnltaman li poikśata-xōtlalna, sįmiltįman tūrum-nūbįt jim aikol, pa ī-saġat-ulta moš pa ī-saġat-ulta kāši xannēxojet kūtna talaña verman.

36. jax kaśalamna šal vers li metipsajel pa lakka-pōsa-tįpsajel ölįñpēla, met lavilta-xo an taita ošet.

37. sīršna lu ūnltīta-jaxlala pōtarl: lant-xār ār, a evitta-jax šimil.

38. pa sidike poikśat lant-xār jora, at kitl evitta-jax lu lant-xārel oxtija.

Das 10. Kapitel.

1. pa katxōsjań lu ūnltīta-jaxlal voxmalna, liel vei mas kulet oxtija, lielal kim xannēxojet-elta vošatta, pa tuñ-tāka verta ī-saġat-ulta moš, ī-saġat-ulta kāši.

2. si katxōsjań kitįm-jax nemlal uset simiset: ölįñot Simon, Petrna nemtįmot, pa Andrei lu apsel; Jakop Sevedei pox, pa Ivan lu apsel;

3. Pilip pa Varfolomei, Toma pa Matvei aktipsa-ākįtta-xo; Jakop Alfei pox, pa Levvei, Taddeja nemtįmot;

4. Simon Kananit pa Iuda Iskariot, matot luel Jevrei mura tinįsale.

5. Sitet katxōsjaṅ Isus kits, i partjs liela, jastaman: pernala jax xośa al manati, pa Samarī voša al loṅṅati.

6. a manati Israil muret xośa.

7. pa xolis joġotleta, sīmiltati, jastaman: tūrum-nūbit vanamas.

8. mušiṅotet tuṅ-tāka verati, xjṅiṅotet sistamtat, ušimotet jilpatat, kuŕet vošatat; alli vista, pa alli mījati.

9. panna al vijati anta sorni-vox, anta sēl-vox, anta patarox-vox neṅ āntjplan lipija,

10. anta alta-xjr, anta kat sax, anta sopeket, anta juš-sú. rupjtta-xo mosta levjpas uitl.

11. mui-sir ūn mola ai voša loṅxleta, nox-iśmijat, xoi seda mustjmšikot ul, pa sit xośa ulati, selta ettan moša.

12. a xōt lipija loṅxmanna uśa verati, sidi jastaman: tam xōta šitak volpas litlu.

13. xun si xōt mustal, sīršna neṅ litjm šitak volpasen lu oxtija at joġotl; a xun an mustal, sīršna neṅ litjm šitak volpasen neṅ xośa joġo at kertśal.

14. a xun xojat neṅjlan joġo an esl, pa neṅ jāsjṅlan xuljntta an pitl, sīršna, si xōt-eŕta mōla si voš-eŕta etmanna, neṅ kur-patilana xanjm nambjr xol-parkatat.

15. jena pōtarlem neṅjlana: Sodom pa Gomor vošeta tōrjm sud-verta-xatlna liel si voš kinśa ṅatsjṅašik jil.

16. sī, ma neṅjlan kitlem, met ošet jevret kūta; sīršna mudraiṅa ulati met jemjṅ-voi, pa ljk al taijati xolup-nempa voi īdi.

17. xuriman ulati xannēxojet-eŕta; li neṅjlan suda mata pitlet; pa li poikśata-xōtlalna neṅjlan seṅxta pitlet.

18. pa tūlaiten neṅjlan sud-kātlta-jax xośa i xānet xośa ma jukana, ulti saġat pōtartta pada li pa pernala jax jeśalt.

19. a xun neṅjlan suda mata pitlet, nōmjsna al šukaśat, xodi antake mui pōtartta pitleta: si śosna tōrjm-eŕta mīśal neṅjlana, mui mosl jastata.

20. anta neṅ pōtartta pitleta, no neṅ tōrjm asen ljl pōtartta pitl neṅjlan lipina.

21. sorĭm oxtija jai mal apsel, pa asi poǵcl; pa cvi-poǵet cllalct jĭ-ankilal oxtija, i lielal velta pitlet.

22. ārat-tēlna lĭkĭńa taita pitlaitan ma ncmcm vōrna; a lĭl sōǵonta moša verĭttot, sit uńtlíśal.

23. a xun ncńĭlan vošatta pitlaiten ī vošna, xondati pa voša. jcna pōtarlcm ncńĭlana: an jetšalta Israil vošet lakka kcrtta xannēxo pox joǵotta vonta.

24. ūnltïta-xo ūnltata-xojcl numpija an ul, lcvi lu jorcl numpija an ul.

25. tarmal ūnltïta-xoja, luel ūnltata-xo lampa at us, lcvija i-si tarmal, lu jorel lampa at us. xōtĭń kuśai ncmĭtsa kuľet kanaśa; si numpija lu xōtĭńotlal.

26. licl al xurijat; ncm-molti antom xańatĭmot, matot lulna clpa an ctĭs, i antom xanijot, matot an lcramĭs.

27. sit, mui ma jastalcm patlamna, pōtartat novĭna, pa sit, mui ncńĭlana jastalem ailta pal oxtija, sĭmaltat xōt-lańxlct-cľta.

28. pa al palati xannēxo veltotet-cľta, lĭl velta vei an tailet; a palati lĭl i cl tutĭń śārasna veltot-cľta.

29. kat siśki tiniśalct ī ai sēl-vox saǵat; i neš it mū oxtija an pitl neń tōrĭm asen kaš tākla.

30. a neń xośa i ox-ōpĭtlan ī-saǵat luńxtĭmĭt.

31. al xurijati; neń ār siśket kinśa tinĭńa ullcta.

32. pa ī-saǵat-ulta xo, matot manēm xannēxojct jcśalt moštĭptal, i ma luel moštĭptalem ma tūrum-asem jcśalt.

33. a xoi manēm an uśta jerśal xannēxojet jcśalt, i ma tomija an uśta jerśalem ma tūrum-jĭm jcśalt.

34. al nōmĭsati, ma joǵotsem šitak volpas mū oxtija tūta. ma joǵotscm anta šitak volpas, no sevĭranta-kcši tūta.

35. ma joǵotscm xannēxo lu jĭl pilna ortta, pa cvi ańkcl panna, pa meń lu untpel-imi panna.

36. kutĭń-jax xannēxoja ullet lu xōtĭńotlal.

37. asel mola ańkcl ma numpija sāmińa taitot manēma an lol; antakc poǵel mola cvcl ma numpija taitot manēma an lol.

38. pa xoi lu pernajcl an vĭl, pa ma jupem an manl, sit manēma an lol.

39. lu lilel laviltot luel uštal; a lu lilel uštimot ma vörna uitl luel.

40. neñilan esltot manēm esl; a manēm esltot manēm kitimot esl.

41. jelli-jastata iki esltot, jelli-jastata iki nem vörna, jelli-jastata iki justam vil; pa veškat xo esltot, veškat xo nem vörna veškat xo justam vil.

42. pa xoi tam aijotet-elta ī xo jašltal potim jiñk top antēl-kem unltīta-xo nem vörna, jena neñilana pōtarlem, au uštal lu justamel.

Joh. III. 16.

Sidi törim sāmiña taisale mur, išto masele ādel-tīm pogel išto xojat xo, xoi luel evil, at ant ušl, pa kušxun-ulta volps at tailele.

II.

OSTJAKISCH-DEUTSCHES
WÖRTERVERZEICHNISS.

ābịl Umarmung; Armvoll, Bürde.

ābịllem, ābịlmalem (inchoat., mom.), ābịltịlem (frequent.) umarmen, umfassen.

ādel, ātel einsam, allein; einzeln, besonderer.

 ādel-taģana unter vier Augen.

ādịm schlecht, böse; Bosheit; Schaden, Unglück.

 ādịm-xōrāspi von bösem Aussehen.

 ādịm-kāš (böse Krankheit) Syphilis.

axvalitlem rühmen, preisen. R. хвалить.

ai Nachricht, Anzeige.

ai klein, jung.

 ai-xo (kleiner Mann) Knabe.

 ai-xōp kleines Boot für eine Person, von den Russen душегубка genannt.

 ai-xōtite (kleines Häuschen) Käfig.

 ai-jernas (kleines Hemd) Unterhosen.

 ai-lont (kleine Gans) Anser erythropus.

 ai-pojar (kleiner Herr) Sasädatol oder Bezirkshauptmann; vergl. un-pojar.

 ai-pora Jugendzeit.

 ai-pun (kleine Feder) Flaum.

 ai-tuman (kleines Schloss) Schlüssel.

 ai-tun Glaskorallen; vergl. tun.

 ai-voi (kleines Thier) eine Art Mücke.

 ai-voš (kleine Stadt) russisches Dorf.

aixar Hengst. Türk. aigịr.

aije, Dimin. von ai.

aijim Leim.

aijimtlem, aijimtalem leimen, kleben.

aikol, aikel Nachricht.

aillem zeigen, erzeigen.

ailta sachte, leise.

aitat Kindheit, Jugend.

akań Puppe. Syrj. akań.

akar (russischer) Hund mit langen Ohren.

aki, agi Onkel, Oheim.

akitlem sammeln; ūt a. die Steuer erheben.

  akitta-xo Einnehmer (der Steuer).

  äkitta-taga Einnahmeplatz.

akmattalem häufen, anhäufen.

aktaśalem, akitśalem sich versammeln; zusammentreffen.

aktipsa Sammeln; Gebühren, Zoll.

al Dach.

al-xatl Werkeltag.

al-xo russischer Bauer.

alilem, alililem, s. aillem.

ālimlajem getragen werden; paut lap-ālimla lońna der Weg wird vom Schnee verschüttet.

ālimlem, ālintalem, ālintlem tragen; heben.

ālintta-jux (tragen-Holz) Bahre.

aliń Morgen; ālińa früh; ālińna des Morgens.

  aliń-xondil Morgenröthe.

  āliń-xōs Morgenstern.

ālipsa Versprechen.

alla Baumsplint. F. jülsi. Syrj. li.

al-lant Roggenmehl.

allem zünden, heizen, einheizen.

allem, alilem (frequent.) tragen.

ällem, aillem versprechen.

alli umsonst.

allijilem tragen.

almjililem ein wenig heben.

alta-xir (tragen-Sack) Reisesack.

alta-jux (tragen-Holz) Tragbahre.

alta-keši (tragen-Messer) Säbel, Schwert.

al-ńaxatlem auflachen.

altel Bürde, Last.

āmatlem, āmitlem, āmtitlalem sich freuen.

āmaslem (Obd.), s. ōmislem.

āmatlem (Obd.), s. ōmitlem.

amirlem, amirmalem (inch., mom.), amirtilem (frequ.) schöpfen. F. ammentaa.

āmis Räthsel.

āmitmalem anfangen froh zu sein, froh werden.

ämĭttalem, amtaltalem, amtĭltemalem erfreuen.

ämlem froh sein.

ämp Hund. F. peni.

> ämp-põšĭx junger Hund; Hündchen.

ämpije kleiner Hund.

amtĭm Part. præt. von ämatlem.

ämtĭp Freude.

ämtĭptalem erfreuen.

än Geschirr, Schale, Trog.

> än-sun Geschirr.
>
> än-tēl eine Schalevoll; än-tēl-kem so viel wie eine Schalevoll.

anḍi Hagebuttenbeere; Pfeffer.

> anḍi-jux Hagebutte, Dornenstrauch.

anǵi, ańcǵa Schwägerin (Bruders Weib).

äntĭp Gürtel.

äntĭptalem, antĭptilem (frequ.) einwindeln.

äntĭptĭllem und

äntĭptīlśalem sich gürten; eingewindelt werden.

ańgi, ańka Mutter.

> ań-ańgi Grossmutter.

ańgiǵe Stiefmutter; Frau des älteren Bruders.

ańgil, ańkĭl Stam (nach einem abgehauenen Baum), das dicke Ende (eines Baumstammes); in's Wasser gesunkener Baumstamm; Pfahl, Säule; Ruderpflock.

> ańgil-voi Strix nyctea.

ańin, ańeu Kinn, Hals; Vordertheil eines Schlitten.

ańkaš, ańkaš Erbse, Erbsen. Syrj. ańkĭt.

ańkĭrmalem, ańńarmalem (inchoat., mom.), ańkĭrtīlem (frequ.) ansehen, hinblicken.

ańte, s. ońti-lū.

apsi jüngerer Bruder; jüngere Schwester; auch Sohn oder Tochter eines älteren Bruders.

är Gesang.

> är-ńālĭm-siski (Gesang-Zunge-Vogel) Lerche.

är viel; genug; überflüssig; ärta, ärti zu viel.

> är-sir (viel-Art) vielerlei, allerlei.
>
> är-ūrna auf vielerlei Weise.

äras Raum.

araš sauer, säuerlich.

> araš-jińk (saures Wasser) Kwass (russisches Dünnbier).

arašlem säuern, sauer machen.

ärat Anzahl, Menge.

> ärat-tĕl (Zahl-voll) all, alle; ärat-tĕlna gänzlich, ganz und gar.

ärilem singen.

> ärita-xo Sänger.

ärxịn, ärxna, ärxni, ärtịn Schuld.

ärxnịn, ärtnịn schuldig, der Schulden hat, Schuldner.

armatlem verstehen.

ärpa-rot o. -rut (vielerlei Herkunft) vielerlei, verschieden.

är-pösịx (Obd.) Schwestertochter.

ärt Zeit; ĩ-ärtna in derselben Zeit, auf einmal; ärta zu rechter Zeit.

artalalem kosten, schmecken, versuchen; schätzen.

as grosser Fluss überhaupt; der Fluss Ob.

> as-xo (Ob-Mann), Plur. as-jax Ostjake. Der Plural as-jax ist der Ursprung des Namens Ostjake.

asa, asi Vater. F. isä.

asir-asi Grossvater (mütterlicher Seite).

aśka, s. iski.

astakan Trinkglas. R. стаканъ.

astarosta und astaršina Bauernältester. R. староста und старшина.

astavňa Fensterladen. R. ставень.

astrapaitlem (das Essen) zubereiten. R. стряпать.

astrapsī Strafkläger, Fiscal. R. стряпчiй.

asveśa Licht. R. свѣча.

> asveśa-lipi und asveśa-nur Leuchter.

aškap Schrank. R. шкафъ.

aštop Stof, Stoop (ein Mass). R. штофъ.

ät, s. öt.

ät Nacht; ätna, ät-alịn Nachts.

> ät-jiňk (Nacht-Wasser) Thau.

> ät-kūtịp o. -kütlịp o. -kütlap Mitternacht.

ätaň-xatl, ät-xatl Tag und Nacht, 24 Stunden.

ätcl, s. ädel.

aulem (Obd.) riechen.

avịr-nē Cyprinus idus.

ävịt Gegend, Bezirk. Das Wort kommt in mehreren Ortenamen vor, wie: Puljň-ävịt Obdorsk (Pul-jogan Polui ein Nebenfluss des Ob), Xuš-āvi̯t Kuschevat, Kun-āvi̯t Kunovat, Pōli̯n-āvi̯t Polnovat, Por-āvi̯t Porovat.

E.

ëbel Geruch; Geschmack.

ëder schönes Wetter.

ēdermalem klar werden, sich aufklären.

extiśalem (über Etwas) hängen, sich neigen.

ekatlem versammeln.

ekmaślem sich versammeln.

el Körper.

ēli̯p das Äussere.

ellalem, elli̯lem, elliśalem sich erheben.

ellaptalcm aufheben.

elpi̯ṅ äusserlich, der äussere.

emi, s. imi.

ēni̯mlem wachsen, zunehmen, sich vermehren; enmi̯m erwachsen. Vergl. F. enü gross.

enmi̯ltlem, enmi̯ltalem wachsen lassen, aufziehen, erziehen.

eṅgilem losbinden; auskleiden.

eṅgiśalem sich auskleiden.

eṅgi̯siptalem auskleiden.

eṅkrislem murren, brummen.

eṅṅīlem stöhnen; wiehern. Vergl. F. henki Athem.

ēpi̯tlem sich ergiessen, austreten (von dem Wasser in Flüssen).

epli̯ṅ, jepli̯ṅ riechend, stinkend; schmackhaft, süss.

   epliṅ-tōri̯n (riechendes Gras) Zwiebel.

epli̯ṅat Süssigkeit, Näschereien.

epli̯malem kosten, schmecken.

epsanlem riechen, mit dem Geruch od. Geschmack erkennen.

ēsem Euter, Brust.

   ēsem-xi̯r Euter.

   ēsem-jiṅk (Euter- oder Brust-Wasser) Milch.

   esem-tai oder -tī̯ Brustwarze.

esli̯lilem oft herauslassen.

esli̯psa Entlassung; Vergebung.

esllem, esellem loslassen, zulassen; vergeben; c. ēbi̯l stinken.

eslśalem sich begeben; verziehen werden.

eti̯m-pora Aufgangszeit.

ēti̯p, citi̯p, ītip (Obd.) Stahl.

etipsa Weggehen, Fortgehen.

etlem, etlalem ausgehen, fortgehen; aufsteigen; geschehen.

etlmaltalem verrenken, verstauchen.

etltalem ausführen, herausführen, hervorbringen; losmachen, entlassen, befreien.

etltiśalem sich zeigen.

eumiṅ, eumaṅ süss, angenehm.

evamlalem liebkosen.

evi, eu Mädchen, Tochter.

    evi-pox, ev-pox (Tochter-Sohn) Kinder, Nachkommen.

    ev-leṅgi kleines Mädchen, Stieftochter.

    evi-tin (Mädchen-Preis) Brautpreis, Kalym.

evije kleines Mädchen.

evi Glaube, Glauben.

evila ungläubig, kleinglänbig.

evilem, evillem glauben.

eviltaptalem trauen, zutrauen.

evipsa Glaube.

evitlem, evitlclem schneiden, scheeren, hauen.

    evitta-xo (schneiden-Mann) Schnitter.

    evitta-karti (schneiden-Eisen) Säge.

evliptalem, evilaptalem glauben machen, überzeugen; trügen.

evtilem, evitlilem zerstückeln.

X.

xadltalem versetzen, anders wohin stellen.

xaġartlem abschaben, reiben; beschämen.

xagat die Masern.

xaxlem ersticken.

xaxti die Motte.

xailem (Obd.) schlagen, zerschmettern.

xailem lassen, zurück lassen.

xaislem bleïben, zurück bleiben, übrig bleiben.

xajip Charadrius hiaticula.

xala todt, verstorben.

    xala-xom, -jux Sarg.

    xala-löt, -lät (todt-Grube) Grab.

    xalalöt-xirtaxo Todtengräber.

    xal-aś, xaliś Gottesacker.

xaleu Sterna caspia; auch Larus.

xalim todt, gestorben.

xalitlem spalten. Vergl. F. hal-ki.

xalipsa Seuche, Pest.

xallem umkommen, sterben. F. kuolen.

xalta-sorim Untergang.

xallilem ohnmächtig werden.

xallita-ver Anfall von Ohnmacht oder Fallsucht.

xaltiptalem umkommen oder sterben lassen, tödten.

xametlem einsehen, verstehen.

xān, xōn Khan, Kaiser; der russische Kaiser wird auch sorni-
xān der goldene Khan, navi-xān der weisse oder glän-
zende Khan und tōrim-xan der göttliche Khan genannt.

xān-imi (Khan-Frau) Kaiserin.

xān-mū (Khan-Land) Reich.

xān-vaš (Khan-Bezirk) Reich.

xān-voš (Khan-Stadt) Hauptstadt.

xān-vošiṅ der aus der Hauptstadt ist.

xaṅaija insgeheim.

xanaslem auftrennen.

xanatlalem reizen, necken, aufbringen.

xaṅatlem, xaṅatilem (frequ.) verstecken, verbergen, verwahren.

xanda, xonda, xandi, xandi ostjakisch.

xanda-xo, Plur. xanda-jax Ostjake.

xanda-nē-xo, gewöhnlicher xannēxo (ostjakisch-Frau-
Mann) Mensch.

xanda-pōlin (ostjakischer Hanf) eine Nesselart, aus deren
Fibern Zwirn gesponnen wird.

xanda, xandi bunte Arbeit, Stickerei; Schnitzerei; Bild, Spielkarte.

xandaṅ, xansaṅ (Obd.) bunt; xandaṅa jontlcm ausnähen,
brodiren.

xandaṅ-xul Cyprinus carassius.

xandipsa Schreiben, Schrift.

xandipsa-pos Schriftzeichen.

xandlem, xandililem (frequ.) auch xašlem bunt machen,
schreiben.

xandta-xo Schreiber.

xandta-jux (schreiben-Holz) Bleistift.

xandta-put (schreiben-Kessel) Dintengefäss.

xanemalem sich verstecken.

xaṅi heimlich, versteckt.

xani̯ Leim.

xani̯m, xani̯m-xo Freiwerber (für Andere).

xani̯m-nē Freiwerberin.

xani̯mlem, xani̯mtalem kleben; berühren, anrühren.

xani̯mśalem berühren, anrühren.

xańtem kleben, wurzeln; sich hängen an; anrühren.

xannēxo, s. xanda-nē-xo.

xańtūs Harz.

xańtlem, s. xuni̯mtalcm.

xăp, s. xŏp.

xapti, s. xopti.

xăr, xăra dünn, undicht; selten; offener Platz, Feld; auch
Wald. F. har-va.

xăr-mū Wiese.

xăr-voi Biene.

xarailcm dünner oder seltener werden.

xarśalłem kracken.

xaslem, xaślem s. xaislem.

xaslem kennen, wissen.

xasna Schatz, Schatzkammer, Krone, Regierung. R. казна.

xasna-asi (Schatz-Vater) Schatzmeister.

xasna-xōt Hauptwache, Polizeigefängniss.

xăši̯m gekocht, heiss, warm.

xaši̯mlem sich erwärmen.

xašlem, s. xandlem.

xašta-xo, s. xandta-xo.

xăšlem, xašmi̯ltalem, xašmi̯tlem erwärmen, kochen.

xašmi̯ltīlem sich erwärmen.

xašńa Ameise.

xašńa-xōt, -pai Ameisenhaufen.

xatań, xatań-xo, Plur. xatań-jax Tatar.

xatcmalem auf den Schneeschlittschuhen von einer Höhe hin-
abfahren.

xatl, xotl Sonne, Tag; lăbi̯t-ox-x. (Woche-Anfang-Tag) Sonn-
tag, ōli̯ń-x. (der erste T.) Montag, kimet-x. (der zweite
T.) Dinstag, xulmet-x. (der dritte T.) Mittwoch, ńetl-
met-x. (der vierte T.) Donnerstag, vētmet-x. (der fünfte
T.) Freitag, xōtmet-x. (der sechste T.) oder auch ju-
ōli̯ń-x. (Woche-Ende-T.) Sonnabend.

xatl-još (Sonne-Hand) Sonnenstrahl; auch Nebensonne.

xatl-kūti̯p, -kūtli̯p Mittag.

xatl-sui Süden; Südwesten.

xatlem sich bewegen, vorwärts gehen.

xatlilem, vita x. landen.

xatlnań, xatlncń Landungsbrücke.

xatltalem rollen, sich wälzen.

xatmilem mit den Schneeschlittschuhen wandern.

xatśalem, xattalem schlagen.

xaundi Rotz (bei den Rennthieren). Samojedisch.

xeńgortap, xeńgortjp Schaukel.

xiamalem, s. xivimalem.

xida s. xišäm.

xidatlajem, s. xišiśalem.

xiilem, s. xivilem.

xilem-imi Spinne.

xil, xo-xil Enkel, nē-xil Enkelin; auch Sohn, resp. Tochter
eines jüngeren Bruders.

xilem s. xailem.

xin Seuche, Pest.

xin-moš die Masern.

xin-nē Gespenst.

xiniń aussätzig.

xir, xira Sack, Säckchen.

xir-sox, -soxije Beutel.

xirlem, xirilīlem (frequ.) graben, scharren, rechen.

xisim nachgeblieben, übrig; der letzte; Rest.

xisim-tāś Erbschaft.

xislem, s. xaslem, xaślem.

xiš, xis (Obd.) Sand; Asche.

xišäm Schimmel; schimmelig.

xišiśalem schimmeln.

xivilem schreien; brüllen.

xivimalem, xivemalem aufschreien.

xo, xoi, xui Mann, Männchen; Gefährte; Plur. xojct und
auch jax.

xo-ńaurim (Mann-Kind) Knabe.

xo-oš (Mann-Schaf) Widder.

xo-siskurek (Mann-Huhn) Hahn.

xo-voi männliches Thier, Männchen.

xoxollem, xoxollalem, xoxolmalem (inchoat., mom.) laufen,
traben.

xoxtiptalem laufen oder traben lassen.

xoilem, xoilalem stehen bleiben, gerathen, treffen; sich legen; liegen.

xoim-taġa Schlafstelle.

xojim, xojem Asche; Lauge.

xojim-jiṅk Lauge.

xōjimlem abnehmen, sich vermindern.

xojiṅ (Frau) die einen Mann hat.

xōl, xūl Fichte. F. kuusi. Syrj. koz.

xolalem fliessen, rinnen, laufen.

xola-pēlak Osten.

xolata-xatl Weihnachten.

xoleut, xolevịt, xalēvat Morgen, Osten.

xoleut-vat Ostwind.

xolị, xūle Russ; Schmutz. F. hiili.

xolịx, xulịx Rabe.

xolịmtalem, xolịmtlem bekommen, erlangen, erwerben.

xōlịp Netz.

xolịtīlem von Russ schwarz werden, sich beschmutzen.

xolịtlem schwärzen, beschmutzen.

xollalem, xollemalem (inchoat.) weinen, winseln, heulen.

xollalem (eine Heerde) hüten.

xollem (Obd.) hören; vergl. xullem.

xollem schwarz werden.

xollem, āt x. die Nacht zubringen.

xollịpsa Weinen.

xolpīlem mit Netzen fangen.

xol-pitlem herabfallen.

xol-parkatlem, s. parkatlem.

xol-sēvirlem abhauen.

xolt Husten. Vergl. xūl.

xoltịptalem ausgeben, aufwenden.

xolup Taube. R. голубь.

xom ausgehöhlter Baumstamm; Höhlung für den Stiel in einem Brecheisen.

xom-jux, s. xala-jux.

xombịltalem, xombịltlem umwerfen, abwerfen.

xombịltịśalem sich stürzen, umgeworfen werden, auseinander fallen.

xomla Schwimmblase.

xomla mit dem Gesichte auf der Erde. Vergl. F. kumo.

xomsa, xomsi Peitsche.

xon Bauch. Syrj. kynöm.

xon-pat (Bauch-Boden) Busen, Brust.

xon-voi (Bauch-Thier) Eingeweidewurm.

xŏn, s. xān.

xondjl, xuútjl Röthe am Himmel, Morgenröthe.

xondjlem, s. xontlem.

xonda rücklings, auf den Rücken.

xōnjṅ Ufer; xonṅa nebenan.

xoṅslem krank sein.

xoúsjpsa Krankheit.

xontaṅ der Fluss Kondá.

xontlem weglaufen, entlaufen, fliehen.

xoṅxlem, xoṅlalem klettern, steigen.

xoṅxra Picus.

xoṅxtjp Leiter.

xoṅsa Tabakspfeife. Tat.-mongolisch?

    xoṅsa-nal (-Stiel), -tur (-Hals) Pfeifenrohr.

xōp, xāp Kahn, Boot.

    xōp-jux (Boot-Baum) Espe. F. haapa.

    xōp-tur (Boot-Hals) Spant.

xōpaṅ mit Boot versehen, mit Boot fahrend.

xoplallem klopfen.

xopti verschnittenes Rennthier, Wallach; xoptija verlem verschneiden, entmannen. Samojedisch.

xor gerade Strecke von einer Biegung zu der anderen auf einem Flusse. (R. плёсо.)

xor Männchen, Rennthierochs; Hengst.

    xor-āmp Hund. Vergl. F. koira.

xōr ausgestopfter Vogel; Bild.

xoraxsi, xoraksi Räuber.

xōrām Zierde, Schönheit; Stickerei; xōrāmetna jontta oder jintta mit Stickerei ausnähen.

xōrāmjṅ geputzt, geschmückt, hübsch, schön.

    xōrāmjṅ līpet (Blatt) Blume.

xōrāmtlem putzen, schmücken.

xōrās Bild, Aussehen, Art; si xōrāsna auf diese Weise.

xōrāsjṅ hübsch.

xōrāspa, xōrāspi, xōrāsjp ähnlich, gleich; mui x. von welcher Farbe.

xorlem, xorjslem, xorjslalem, xorilalem schälen, abschälen, schinden.

xortem, xortatem, xurtem erlöschen, ausgehen.

xorottem, xorittem bellen.

xōrpi, s. xōrāspa.

xorte-xōn Astur palumbarius.

xortlem, xurtlem löschen.

xōs, xūs Stern. Syrj. kod, kodzul.

xosax Kosak.

xōsiń Wand, Seite.

xos-jiṅk Harn, Urin. F. kusi. Syrj. kudz.

xośtelem weinen.

xostem harnen.

xośtem, s. xoṅstem.

xosna, s. xasna.

xošap Höhlung (in einem Baume), hohler Baum; Krippe, Speicher.

xošapiṅ hohl.

xōšim gekocht, warm, heiss. Vergl. xāšim.

    xōšim-jink, xōsim-jiṅk (Obd.) Brühe, Suppe.

xoštem verstehen, können.

xōštem, s. xāštem.

xošmiltalem, s. xašmiltalem.

xōt, xät Zelt, Jurte, Haus, Wohnung. F. kota, koti.

    xōt-xār, -xari (Haus-Platz) Fussboden.

    xōt-xunvis Rauchfang der Jurte.

    xöt-jor Hausherr.

    xōt-lak (Haus-Ring) die aufgezimmerten Wände eines zu bauenden Hauses.

    xōt-laṅgil (Haus-Deckel) Dach.

    xōtlaṅgil-siski Sperling.

    xōt-omsim-nē (Haus-gesetzt-Weib) Wittwe.

    xōt-pēlek (Haus-Hälfte) Hütte.

    xōt-puṅgil (Haus-Seite) Wand.

    xōt-vol (Zeltplatz) Gestell oder Gerippe für das Zelt.

xōtaṅ, xōtiṅ Schwan.

xōtije Häuschen.

xōtiń vom Hause; Hausgenosse.

xōtiṅ-xo Hauswirth, Hausvater.

xotlal es tagt, es wird Tag; Præt. xotlas. Vergl. xatl.

xoutlem eröffnen, erzeigen.

xouva sumpfig, morastig.

xuḑelem (ein Instrument) stimmen.

xuġolmalem etwas laufen; anfangen zu laufen.

xuġotlelem laufen.

xul, xuli Spalte, Loch, Öffnung.

xul Fisch. F. kala.

    xul-ālimta-voi (Fisch-tragen-Thier) Fischadler.

    xul-tōġol (Fisch-Flügel) Flosse.

xūl Husten.

xūl, s. xōl.

xūlemalem (mom.), xūlĭtlilem (frequ.) husten.

xūlem-sĕm (drei-Auge) die Drei (in den Karten). F. kolmisilmä.

xulĭx, s. xolĭx.

xulĭm Augenbraune. F. kulma.

xulĭmlajem eingenommen oder verliebt werden.

xulĭntlem hören, anhören, gehorchen.

xulĭń kūt die Zeit im Sommer, wo keine Fischart aus dem ·
    Meere in die Flüsse aufsteigt.

xulĭtlem, s. xolĭtlem.

xullem, xulīlem (frequ.) hören; fühlen; gehorchen. F. kuulen.

xulta-pun (fühlen-Fischreuse) kleines Zugnetz, welches,
    beschwert mit einem Steine, von dem rudernden
    Fischer mit einem Strick, xulta-kel genannt, tief im
    Wasser stromaufwärts geschleppt wird; den einge-
    gangenen Fisch „fühlt" der Fischer durch einen dün-
    nen Strick oder eine Schnur, lōrim, deren oberes
    Ende er in der einen Hand hält.

xullem, xuvĭlīlem flössen.

xultmalem anfangen zu hören, hören wollen.

xump Welle.

xundĭl Maulwurf.

xunĭmtalem mit den Augen blinzeln.

xuńsalem begegnen.

xuńtĭl, s. xondĭl.

xuntlem zusammenkleben.

xuńxlem, xuńġilalem, s. xońxlem.

xuńĭń-pat Achselhöhle; x. ilpina unter dem Arme.

xur, xura Trog.

xuri gefährlich; furchtsam.

xurilem sich fürchten; sich hüten.

xurĭp Brotrinde; vergl. xorĭslem, xorlem.

xurlalem, s. xorlalem.

xurtlem, s. xortlem.

xûs, s. xôs.

xusilem pfeifen.

> xuśti-voi (pfeifend-Thier) Tetrao bonasia.

xusipsa Verführung, Versuchung.

xusla ollem oder ullem stillschweigen.

xuślem, xusililem (frequ.) erwecken; anlocken, versuchen, verführen.

xuv, xū lang; xuva weithin, lange, xuvna fern, xuvịta, xuvịlta von weit her.

> xuv-ān (langes Geschirr) Trog.

> xuv-nuptịń langwierig, der eine lange Lebenszeit hat.

xuvat Länge; längs.

I.

ī, it ein, eins, ein und derselbe.

> ī-kam, ī-kem von derselben Art, einerlei.

> ī-kamịń von gleichem Alter, Altersgenosse.

> ī-lampa einerlei, gleich.

> ī-mort (ein-Mass) gleich.

> ī-mū-xo (ein-Land-Mann), ī-mūpa xo Landsmann.

> ī-nuptịń von gleichem Alter, Altersgenosse.

> ī-pilna (pil Gefährte) gemeinschaftlich.

> ī-pulań (pul Bissen) mit einem Mal geschehend.

> ī-saġat in derselben Richtung; ī-s. und īsat ulta (zuweilen auch ohne ulta) all, ganz.

> ī-sirna (sir Ordnung, Art) gewöhnlich.

> ī-sirpa Nachbar.

iḍelem, joxla ī. zurückdrängen.

īḍeslem, joxla ī. sich zurückziehen, zurückgehen.

iġitlem aufhängen.

iġteslem sich erhängen.

iki, igi Mann, Ehemann; Greis, Schwiegervater (Vater des Mannes). F. ukko.

il das Untere, der untere Theil. F. ala. Syrj. ul.

> ila-pēla-ulta untere.

> il-xōt unteres Stockwerk.

> il-kerịlem, -korịlem niederfallen, sich werfen, sich stürtzen.

> il-martlem tauchen, niedertauchen.

> il-ōmịslem sich setzen.

> il-omsaltlem niedersetzen, zum Sitzen setzen.

> il-pitlem fallen, umfallen, abfallen.

il-sevịrlem niederhauen.

ila Abend; ila-pēla Abends. F. ilta.

    ila-lēvịpsa Abendbrod.

ilamtlem säumen, zögern.

ilań spät.

ilpa, ilpi das Untere, was sich unten befindet.

ilsị Dummkopf (?).

ilt Amboss.

ima, imi Weib, Frau, Mütterchen, Grossmutter. F. emä. Syrj.

    iń, eń.

inḑislem, insislem fragen; karek i. (Sünde fragen) beichten

    (Beichte hören).

inḑisiptīlem, karek i. beichten, sich beichten.

inḑmalem, inśmalem (mom.) einmal fragen.

ińxlem abkleiden (?), ausziehen.

ipi Strix bubo. F. hyypiä.

ir, s. jir.

irkan Fangleine mit einer Schlinge. R. арканъ.

iś alt; Alter, Zeit.

    iś-xör Schatten; Trugbild, Gesicht.

    iś-oi (altes Gut) Schatz.

    iś-pötar (altes Gerede) Märchen, Sage.

iska, iskä, iski Frost, Kälte.

iskamtalem kühl machen, kühlen.

iśmilem fragen, sich erkundigen.

isni, išni, auch isńuvis, išnuvis Fenster. Syrj. öšịn.

    isni-keu (Obd., Fenster-Stein) Glas.

istēk Schwefel. Syrj. istög.

īšiklem rühmen, loben.

iškaślem sich rühmen, prahlen, grossprechen.

ištan, ištin Hosen, Unterhosen. R. штаны.

ītịp, s. ētịp.

J.

jädopśań Stab.

jax Leute; wird als Plural von xo gebraucht. Syrj. jöz.

jax, jak Tanz.

jaxlem, jańxlem wandern, auf und ab gehen, reisen, fahren;

    tanzen; xär j. auf die Jagd wandern.

    jaxta-xo Tänzer.

jaxta-manta-xo (wandern-gehen-Mann) Wanderer.

jaxiń-xo Tänzer.

jai älterer Bruder; Vatersbruder.

    jai-apsi (älterer-jüngerer-Bruder) Gebrüder.

jaitlem durch Brennen oder Stechen merken; tättowiren.

jäkatlem ausgiessen, ausleeren.

jälip, jëlip, jelap, jīlip frisch, neu; jilba, jilpa von neuem, wiederum; neulich.

jam, jem, jim gut, vortrefflich, gesund.

    jam-pëlak die rechte Seite.

    jam-säm Gutherzigkeit, Barmherzigkeit.

    jam-sämpa gutherzig, Barmherzigkeit.

    jam-ür Ehre, Ehrlichkeit.

    jam-ürpa ehrlich.

    jam-veripsa Almosen.

    jam-verta-xo wohlthätiger oder gütiger Mensch.

jam Poststation; das Kirchdorf Samarovo. R. ямъ.

    jam-kört ostjakische Ansiedelung, wo eine Poststation ist.

jamaltalem heilen, kuriren.

jamaltip, jimaltip Heilmittel.

jamaśalem, jamaślem gut werden, sich beruhigen, versöhnt werden.

jamaślalem, jamasiptalem gut machen, beruhigen, versöhnen.

jamat Eigenthum.

jämetta Feuerbrand.

jamšik Postknecht, Fuhrmann. R. ямщикъ.

    jamšik-ola Postfuhre.

    jamšik-ola-nepëk (Postfuhre-Papier) Brief.

janas anderer, fremder.

    janas-miv-xo Fremdling.

jańśamalem einmal trinken, austrinken.

jańśat Getränk.

jańsīlem oft oder ein wenig trinken.

jaúslem, jaślem trinken. Vergl. F. jano.

jańtlsīlem, s. jaśltalem.

jańgalīlem herumwandern.

jaủxlem, s. jaxlem.

jań-sēm, jań-xanḑa Zehne (in den Karten).

jaršik Kasten. R. ящикъ.

jas (Obd.), s. još.

jäsiń Wort, Rede; Botschaft, Nachricht.

jäsi̇ṅla wortlos, stumm.

jaślem, s. jaúslem

jaśltalem trinken lassen, tränken.

jasta-xo, jaṅsta-xo Trinker.

jastalem sagen, sprechen, erzählen. F. haastan.

javillem, s. joullem.

javolmalem (Obd.), s. joulmalem.

jebäṅḍi, jobaṅḍi Filz. Türk. japinži (Vámbéry).

jeḍalem, s. jetšalem.

jeḍim reif, gereift.

jekan Riegel.

jel, jel-pēlak, das Vordere, Vordertheil, Vorderseite. F. ete.

    jel-malem ausgeben, herausgeben.

    jel-meḍlem ausdehnen, ausstrecken.

    jel-navirmalem wegspringen, weghüpfen.

    jel-ponlem bei Seite legen.

    jel-pörtilem wegfliegen.

    jel-tallem ausdehnen, ausstrecken.

    jel-voxlem bei Seite rufen.

jelpi̇l Stelle oder Raum voran.

jēlem Scham, Schande: schändlich, schimpflich.

jēlemla schamlos.

jēlemlajem sich schämen.

jēli̇p, s. jāli̇p.

jelli-jastalem voraussagen, prophezeien.

jelmetalem beschämen.

jelmi̇ṅ schamhaft.

jelpa, jelpi das Vordere, vorder, vorn; j. xatl der Tag vorher.

jem, s. jam.

jemaslalem hoffen.

jemi̇ṅ heilig; bezaubert, Zauber-.

    jemi̇ṅ-xatl (Tag), Feiertag, Festtag: un j.-x. (grosser
        Feiertag) Ostern.

    jemi̇ṅ-xōt (Haus) Kirche.

    jemi̇n-xul (Fisch) Hecht.

    jemi̇ṅ-iki (Greis, Vater) Prophet.

    jemi̇ṅ-käš (Krankheit) die Masern.

    jemi̇ṅ-oṅx (Harz) Weihrauch.

    jemi̇ṅ-voi (Thier) Schlange; (in dem Evangelium) Myrrhe
        (voi in der Bedeutung von Öl).

jen wahr, jena wahrhaftig.

jendj Sehne (eines Bogens). F. jänte.

jentlem (Obd.) spielen; ringen.

    jentta-xär Platz zum Ringen.

jeṅgil, jiṅṅel Korb oder eimerförmiges Geschirr aus Birkenrinde.

jeṅgit, jeṅṅjt Spindel.

jeṅgjtlem spinnen.

jeṅk, joṅk Eis. F. jää. Syrj. ji, jy.

    jeṅk-xul Spalte oder Ritz im Eise.

    jeṅk-podali Eiszapfen.

jeṅklap, jeṅxlep, jiṅtjp in die Erde niedergegrabener Schatz.

jeṅta rund.

jeṅtjmat Gespinnst.

jepi, s. ipi.

jepljṅ, s. epljṅ.

jentjl, s. jint.

jera-xoita daniederliegend.

jerjmlem gezwungen oder genöthigt werden; in Noth gerathen.

jerlem binden, dämmen, versperren, verbieten.

jermak Seide. Syrj. jermög.

jermat eng.

jermatlem drücken, drängen, zusammendrängen.

jernas, jernäs Hemd. Syrj. jernös.

jersalalem binden.

jerśalem und jeraślem sich widersetzen, sich brüsten.

jert Regen.

jertlem regnen.

jeśa wenig.

jesat (?) entgegen gehend, widrig (Wind).

jeśalt-uśantlem entgegen gehen, begegnen.

jesavul kleiner Dorfbeamter. R. ссаулъ.

ješalalem beunruhigen.

ješaślem sich erkühnen, Muth fassen; unruhig sein.

jētjn Abend; jetna Abends; jetna-pelka gegen Abend.

jetšalem, jetsalem reifen, fertig werden; zu rechter Zeit ankommen; Zeit haben.

jetšjptalem, jetšjptīlem (frequ.) reifen machen; beschleunigen.

jeu Barsch.

jevj (Obd.) Schwester.

jěvjr (Obd.) Wolf.

    jěvjr-lampa wolfartig, einem Wolfe ähnlich.

jiḍip Strich, Streif.

jikan (Kond.) Teppich aus Gras oder Schilf.

jikańse Marienglas; auch Glas, Fensterscheibe.

jil Saum; Gebräme.

jilbi Quelle.

jilem-tut Nordlicht.

jilem folgen, kommen; (mit Lativ) werden, z. B. jama jilem ich werde gesund, jetna jis es ward Abend.

jilip, s. jālip.

jilpalalem belebt werden, sich erholen; auferstehen.

jilpatlem beleben.

jilsim Schatten.

jim, s. jam.

    jim-ūlim (gutes Sein) lebe wohl!

    jim-ūlim-ket (Wort) Gruss.

    jim-sām, s. jam-sām.

jimaltalem, s. jamaltalem.

jimaśalem, s. jamaśalem.

jimastalem, s. jemastalem.

jimiń gesund.

jimsa-pēlek die rechte Seite.

jimsar-xōlip Spinnengewebe.

jimsar-imi Spinne.

jinmallem ergänzen, zusetzen.

jińk Wasser.

    jińk-kār (Schale) Muschel.

    jińk-lōt (Grube) Brunnen.

    jińk-lengir (Wasser-Maus) Mus amphibius.

    jińk-sēm (Auge) Tropfen.

    jińk-sox Koth, Schlamm.

    jińk-voi (Thier) Biber.

jińka, jińki, jińkiń feucht, nass, dünn (von Speisen u. dgl.).

jint, jintil, jentil, s. jont, jontil.

jinta, s. jendi.

jintip, s. jontip.

jintlem, s. jontlem.

jipi, s. ipi.

jipel Schatten, Schattenbild.

jī-leńgi, -leń Stiefvater.

jir blutiges Opfer; jir verta opfern.

    jir-pori Opfer.

jir Seite, Facett, Rand, Gränze, Gegend.

jiraslalem opfern.

jiraslem anbinden.

jiri (Obd.) Grossvater (Vaters Vater).

jiriš Zeit, Gelegenheit (?).

jirjan̄-xanḍa Neune (in den Karten).

jirlem, s. jerlem.

jirlilem vom Wege abkommen.

jirsalalem umstrickeln.

jiś, s. iś.

jismilem fragen.

jišlem mahlen.

jišpiṅ gestreift.

jit, jil Gelenk (des Körpers). F. jüscn.

jit, jit-pēlek Norden.

jitjṅ schnell, geschwind.

jitįp Baumsaft, Splint. F. jälsi.

jiv, jig, jị, jī Vater.

    jiv-an̄gi, jị-an̄ki (Vater-Mutter) Eltern.

    jiv-evi (Vater-Tochter) Schwester.

    jiv-len̄gi Stiefvater.

    jiv-pox (Vater-Sohn) Bruder.

    jigla-asla (ohne Vater-Vater) Waise.

joban̄ḍi, s. jebän̄ḍi.

jogan, joġan, juġan kleinerer Fluss. F. joki. Syrj. ju.

    jogan-xul eine Art Leuciscus.

    jogan-ou (Fluss-Thür) Flussmündung.

jogart gabelförmiges Ding; kurzer Stromarm, Sund.

    jogart-jux Heugabel; gabelförmige Stütze.

jöġịm sandiger, trockener Erdboden; auch Gottesacker.

    jöġịm-jux Kiefer.

    jöġịm-mul, joġomul vaccinium vitis idæa.

joġol, juġol Bogen; auch Fidelbogen. F. jousi.

    joġol-n̄ölla (ohne Bogen, ohne Pfeil) unbewaffnet.

jöġolmalem einen Schritt machen.

jogotlem kommen; jolta j. einholen, erreichen.

jöġotlem ausladen.

jox-pörlita-voi (zurück-fliegendes-Thier) Zugvogel.

joxtịlilem oft kommen.

joxtịptalem, joxtaptalem führen, hinführen, verschaffen.

jol, jontịm-jol Naht.

jŏl Bibergeil.

jolximlem kühl werden, ein wenig frieren.

jolxiṅ feucht, kühl.

jōlix Feuchtigkeit, Kühle.

jolipta Lappen Fleck.

jolta-ōliṅ Rückseite.

jom Regen.

joṅk, s. jeṅk.

jont, jontil Spitze, Schneide.

jontat Spielzeug.

jontip, jintip Nähnadel.

    jontip-pal Nadelöhr.

    jontip-ponīta-lū (Nadel-legen-Knochen) Nadelbüchse.

jontis-lui Fingerhut.

jontlem, jontislem, jontaslem nähen.

jontlem, juntlem spielen. Vergl. jentlem.

jor Hausvater, Herr. Vergl. ür.

jŏr, jūr Kraft, Stärke; jŏrna vilem rauben.

joraślem sich ein Ansehen geben, sich rühmen, herrisch sein.

    joraśta-xo Prahler, Heuchler.

joratlem quälen, plagen.

jorcmalem, joremīlem vergessen.

joriṅ-në (Herrnfrau) edle oder vornehme Frau.

jōrin, jūriṅ stark, kräftig.

jorrin, auch or samojedisch.

    jorrin-xāt (samojedisches Haus) Zelt.

    jorrin-xir (samojedisches Säckchen) Arbeitsbeutel für Frauen, aus Rennthierfell.

    jorrin-xo, Plur. jorrin-jax, auch or-xo, Plur. or-jax Samojede.

    jorrin-tondi (samojedische Birkenrinde) grosse Stücke gekochter und in drei Schichten zusammengenähter Birkenrinde, um Zelte daraus zu machen.

    jorrin-vai (samojedischer Stiefel) Winterstiefel aus haarigem Rennthierfell.

jos (Obd.) Spur, Weg.

joś Nagel.

još Hand, Tatze.

    još-jit Vorderarm, Elle.

    još-kavan Ellenbogen.

    još-kār (Hand-Schale) „Platte aus Rennthierhorn, um

das linke Handgelenk gebunden, zum Schutz gegen
das Zurückschnellen der Bogensehne" (Finsch).

još-kur-kartet (Hand-Fuss-Eisen) Ketten, Fesseln.

joša-kura (mit Hand-Fuss) in eigener Person, selber.

još-pati (Hand-Boden) die flache Hand.

još-por (Hand-Bohrer) Ahle.

još-pos (Hand-Zeichen) Zeichen, womit ein des Schreibens
Unkundiger ein Dokument unterschreibt.

još-sur Vorderarm, Elle.

još-tel Handvoll; Geschenk zur Bestechung.

jot-lan, jot-langil Ferse.

jou, s. ju.

joullem, jullem, juillem wedeln, kehren, schwingen, werfen,
schiessen.

joulmalem einmal werfen.

joum, s. jüm.

joura schräge, schief, krumm; jouraja in die Quere.

joura-kurpa krummfüssig.

joura-sempa schieläugig.

jourlilem schräge laufen, ausweichen.

jourtilem sich verwickeln.

jourtil Femerstangenband.

jourtim-lunk (gewundener Nagel) Schraube.

jourtip Windelband.

jourtlem, jovirtlem, jouvirtlem, juvirtlem, jürtlem wenden,
biegen, wickeln, umwickeln, einhüllen, windeln.

jourtta-sox Windeln.

joutlem, s. joullem.

joutlilem schiessen.

jouva in's Wasser gesunkener Baum.

jovirtśalem, jouvirtilem, jouvirlem sich verwickeln, verwickelt
werden, sich verwirren.

ju, juv hintere, das Hintere, die hintere Seite.

ju-ölin (das hintere Ende) Ende, Schluss; letzter.

jüdem Zeltdecke aus einfacher gekochter Birkenrinde.

jugan, jukan Theil, Antheil; Mal. Vergl. F. jakaa. Syrj. juk.

jux Baum, Holz.

jux-al, -alla, s. alla.

jux-jink Baumsaft.

jux-joś Holznagel.

jux-pelek Holzscheite.

jux-podala Klotz zum Sitzen.

jux-pon, -pun Fischreuse aus Ruthen.

jux-säm (Baum-Herz) Mark (der Bäume).

jux-voi (Baum-Fett) Öl.

jukan, s. jugan.

jukantlem beimessen, anrechnen; erben.

jum, s. ľum.

jüm, juum, juvjm, joum Part. Præt. von jilem.

juntlem, s. jontlem.

jupa, jupi hinterer, hinten seiend.

jūr, s. jör.

jurpetlalem beten.

jurt Gewinn.

jurtjń nützlich.

justam, jostam Lohn, Belohnung, Gehalt.

justalem, jostalem, justilalem belohnen.

juš Weg. Vergl. jos.

> juš-jogart Scheideweg, Kreuzweg.

> juš-sū Wanderstab.

jütlem, s. joullem.

juttu Bündel getrockneter Fische.

jūvjn Nachts. Vergl. F. yö.

K.

kabane Gelenk.

kabaneń krumm.

kabaśalem sich zeigen, erscheinen.

kabatlem verklagen.

kadba, s. katpa.

kaisalalem, kaislalem, kaiselalem sehen.

kaitjpsa Reue, Busse.

kaitlem, kaitīlem (frequ.) Busse thun, beichten. R. каяться.

> kaitta-pūp Beichtvater.

kak, gewöhnl. Plur. kaket Räude, Krätze.

kakeń räudig, krätzig.

kāl Morast.

kalań (Obd.) Rennthier.

kālaś Semmel, Bretzel. R. калачъ.

> kālaś-lant feines Weizenmehl.

> kālaś-verta-xo (Semmel-machen-Mann) Bäcker.

kaldań Spur, Fährte.

kaldas-ańki Hebamme.

kali Blut.

kālim (Obd.) Brautpreis, Kalym.

kaliń blutig; roth, dunkelroth.

kallamtlem fassen, greifen.

kalliptalem verbinden, vereinigen.

kalliptim Vereinigung.

kalńor Möve.

kalt die eine von zwei hohen Stangen, die in einer ausge-
hauenen Öffnung des Waldes zwischen zwei Flüssen oder
Seen aufgesteckt sind, und zwischen welchen ein Netz
ausgespannt wird, um die aus dem einen Wasser zum
anderen fliegenden Enten darin zu fangen.

    kalt-uxti der obere Theil einer solchen Stange.

kaltiń Anfahrt, Landungsbrücke.

kaltmalem leuchten; blinzeln.

kam, s. kem.

kamisar, von коммиссаръ (Kommissar, die frühere Benennung
eines unteren Polizeibeamten auf dem Lande, der jetzt
становой приставъ, in Sibirien засѣдатель, heisst).

kamiń froh.

kamka Seide.

kanaś Fürst. R. князь.

kandaślem, kantaślem, kantaśalem böse werden oder sein,
sich ärgern.

kandiń, kantiń böse, zornig, streng, hart.

kandlem, kanślem, kaślem suchen.

kanmattalem erzürnen, aufbringen.

kant Zorn, Hass.

kantaślem, s. kandaślem.

kapek Krug, Trinkhaus. R. кабакъ.

kāpitan Kreishauptmann oder Ispravnik (dessen Benennung
früher Kapitan Ispravnik war).

kapkan Fuchseisen. R. капканъ.

kar Picus.

kār Schale, Rinde; Schorf. F. kuori.

kara, kari Sterlet; im Obdorskischen as-tai-kari (Ob-Quellen-
Sterlet, weil dieser Fisch in Irtysch und im oberen Laufe
des Ob-Flusses zahlreich vorkommt, im unteren aber
seltener ist).

karallem (Obd.) graben.

karek, s. kerck.

kareka-pitįm der Sündenfall.

karckla ohne Sünde.

karemalem sich verwandelu.

kārįń mit Schorf bedeckt.

kārįś hoch.

kārja alt (?); altes Bett eines Flusses.

karkam flink, behend, hurtig.

karmaś Schlupfwinkel, Nest.

karra, s. katra.

karta-xār Hof, Hofplatz.

karta, karti Eisen. Syrj. kört.

    karti-ān (Eisen-Geschirr) Bratpfanne.

    karti-joś eiserner Nagel.

    karti-kel (Eisen-Strick) Kette.

    karti-śāk Hammer.

    karti-šoit (Eisen-Ruthe) Eisendraht.

    karti-ūgor eiserner Haken.

    karti-verta-xo (Eisen-machen-Mann) Schmied.

    karti-verta-xōt (Eisen-machen-Haus) Schmiede.

kartįń zum Hof gehörig; k.-ou Thor.

kartlem aufreihen, anreihen.

kaś, kātsi kurze Unterhosen aus Sämisch. F. kaatio, Magy.
    gatya.

kaśalalem, s. kaisalalem.

kaśeu Leuciscus rutilus.

kasįr Spielkarte. R. козырь.

kaslem (Obd.) suchen. Vergl. kandlem.

kaslem, kasllem umziehen, auswandern.

kaslįm und kaslįpsa Umziehen, Auswanderung.

kaslįptalem umziehen oder auswandern lassen, zum Auswan-
    dern veranlassen.

kaśtalem gebrauchen, missbrauchen (?).

kaš Wille; Freude, Vergnügen.

kāš, kāši (innerliche) Krankheit.

    käš-muš (innerliche-äusserliche Krankheit) Krankheit,
        Elend; Gram, Betrübniss.

kāšań krank.

kašaslem einwilligen; wünschen.

kašįń froh; angenehm.

kāšịtlcm krank sein.

kašla ohne Freude, mit Widerwillen; freudenlos.

    kašla-xörpi ähnlich einem Freudenlosen.

kašlem, s. kandlem.

kašlcm, kašllcm trocken werden.

kašltalcm trocken machen, trocknen.

katamtlcm sich zeigen, erscheinen.

kati, kadi Katze; xo-k. Kater, në-k. Katze.

katijim (Kond.) Schwalbe.

katịllcm (Obd.) entzwei schneiden.

kat-kūt (zwei-Zwischenraum) mittelmässig.

katlcm sich zeigen, erscheinen.

kātllcm, kătallem halten, anhalten, greifen; erreichen; još k.
    (für etwas) bürgen; tut k. (einem) leuchten.

kātlemtlcm greifen, anfassen.

katna-evịtlem entzwei schneiden.

katna-manịpsa (entzwei-Gehen) Trennung, Ehescheidung.

katna-mantem (entzwei-gehen) sich trennen.

katna-manta-nēpük (entzwei-Gehen-Papier) Ehescheidungs-
    schrift.

katpa, kadba zweifach; Dual katpańen, katpań Zwillinge.

katra alt, ehemalig.

kat-sēm (zwei-Auge) die Zwei (in den Karten).

kat-ustlap-keši Scheere.

kaurịm, kavrịm gekocht, heiss.

kavịrlem, kavarlcm kochen, sieden (intransit.).

kavịrmalem anfangen zu kochen.

kavịrmaptalem kochen lassen, sieden machen.

kavịrtalem, kavịrtlem kochen (transit.).

kavịrtīlem oft kochen.

kavrịmtlem kochen lassen.

kēbel das Fell von den Pfoten der Pelzthiere. F. käpälä.

keilem auf die Zaubertrommel schlagen, zauben.

    keita-xo Wahrsager, Zauberer.

keipsa Wahrsagen, Zaubern.

kel Strick; auch Wort, Nachricht. Syrj. köl.

kelsi Leuciscus rutilus. Syrj. keľtši.

kem, kam das ohngefähre oder das rechte Mass, die rechte
    Zeit; Werth oder Menge so gross oder so viel als —.

kën, kēna leicht.

    kën-voi (leichtes Thier) Hase.

kēnamtlem erleichtern.

keńar arm; armselig, elend. Syrj. koner.

kenas Zuber.

kend, kēš, kes innere Stiefel von Rennthierfell, die anstatt
    Strümpfen getragen werden.

ker Kruste auf dem Schnee. Vergl. kār.

   ' ker-voi (Schneekruste-Thier) Emberiza nivalis.

keran Hohlbeil.

kerek, karek Sünde; k. verlem sündigen. R. грѣхъ.

kerilem, kērīlem fallen, umfallen.

kēritlelem sich wälzen.

kerlalem, kerlaśalem sich drehen, umkehren, zurückkehren.

kerptalem, kerlaptalem s. kertlem.

kertim rund.

kertlem wenden, drehen, in die Runde drehen, rollen, wälzen;
    zwirnen; herumwandern; jox k. zurückkehren. F. kiertää.

kertman in die Runde.

kertśalem zurückkehren.

keši, kesi Messer.

   . keši-vei Griff eines Messers.

ket Wort.

kētimlem rühren, anrühren, berühren; beleidigen, kränken.

    kētimta-xo Beleidiger, Kränker.

keu, kev Stein, Berg, der Ural; Kern der Früchte; Hode.
    F. kivi.

    keu-aijim (Stein-Leim) Kalk.

    keu-ān (Stein-Geschirr) Flasche.

    keu-xul (Stein-Fisch) Coregonus albula oder C. nasutus.

    keu-paršiń versehen mit steinernem Segel.

    keu-pēlak (die Uralseite) Westen.

    keu-put (Stein-Kessel) Topf, Grape.

    keu-vāt (Ural-Wind) Westwind.

kila Ball. R. кила (?).

kili Schwager (Mann der Schwester der Frau); nē-k. Schwä-
    gerin (Schwester der Frau). F. kyty.

kilipsa Aufstehen.

killem stehen, aufstehen.

kiltalem, kiltelem erwecken, aufwecken.

kim das Äussere, die äussere Seite.

    kim-esllem auslassen, loslassen.

    kim-etlem ausgehen.

kim-xŏt Vorzimmer.

kim-joullem aufwerfen, hinaufwerfen.

kim-joulmalem auswerfen.

kim-navjrmalem herausspringen.

kim-pēlak äussere Seite, Aussenseite.

kim-ponlem wegsetzen, ablegen.

kim-pŏrlalem, -pŏrlīlem ausfliegen, wegfliegen, fortfliegen.

kim-seńxlcm ausklopfen.

kim-šošjntalcm ausgiessen.

kim-taǵa Hofseite (eines Hauses).

kim-tallcm ausschleppen.

kim-tŏlem austragen.

kim-umlem ausschöpfen, leer schöpfen.

kim-voxlem ausrufen, herausrufen.

kim-vošatlem austreiben.

kimel Schooss, Schürze (am Kleide).

kimpa, kimpi äusserer, aussen seiend.

kirap, kirp Rotz; Krätze.

kirpiś Backstein. R. кирпичъ.

kirp-ńolpi imi (rotznasiges Mütterchen) Hexe.

kisäpä Sciurus striatus (?).

kiser, s. kasjr.

kitjm-xo (gesandter-Mann) Apostel.

kitlem senden.

    kitta-nepĕk (gesandtes Papier) Brief.

kjhlcm jucken. F. kut-isen.

kjmjl, s. kimcl.

kjr Bruch. F. tyrä.

kjrlem anspannen.

kjti Katze.

komes-rjx Oxycoccus.

kŏn, s. kēn.

końar, s. keńar.

kopna Haufen, Schober. R. копна.

kor Flussbett.

kŏr, s. kūr.

koraptalem, s. kerptalcm.

korīlcm, s. kerjlem.

korīpsa Fallen, Umfallen.

kort, kūrt ostjakische Wohnung oder Ansiedelung. Das im
    Russischen gebräuchliche юрта, Plur. юрты (jurta, jurtj,

das letztere in der Bedeutung einer nicht-russischen Ansiedelung) ist diesem Worte entnommen. Syrj. gort.

kosäl, kuśul Ziegenbock. R. козёлъ.

kovašńa Backtrog. R. квашня.

kujan-jux Tragejoch.

krek, s. karck.

kuku, kukuk Kuckuck.

kul, kuľ Teufel. Syrj. kuľ.

kuľ dick.

kulaitlem spaziren. R. гулять.

kulla schlüpfrig.

kuľšik elender oder schlechter Teufel.

kuma Pathe, Gevatter. R. кумъ, кума.

kumir-xōt Hütte (aus Zweigen).

kumiška, keu-k. Glas.

kund, kunš, kuš die hohle Hand; Klaue, Nagel. F. kynsi.

    kund-kār Klaue, Nagel.

    kund-ōljū Ellenbogen; Vorderarm.

    kund-tēl, kunši-tēl Handvoll.

kundemalem fassen, greifen.

kundip Kamm.

kundlem, kunšlem, kušlem kratzen; kämmen, harken, rechen.

    kundta-jux Harken, Reche.

kunš, s. kund.

kunšīlem, kundīlem und kundililem kratzen, ritzen.

kunšlem, s. kundlem.

kuntlem anfangen zu faulen.

kur Fuss; kurna zu Fuss.

    kur-jourip Fusslappen.

    kur-lui (Fuss-Finger) Zehe.

    kur-pati Fusssohle.

    kur-pēlek (einfüssig) hinkend.

    kur-pūra und

    kur-šōǵos Wade.

kūr, kōr Ofen. Syrj. gor.

    kūr-pata Ofenherd.

kūraś Badebesen.

kurek Anas acuta.

kurik Adler.

kurim Schritt; ī-si k. oder ī-si kurimna gleich.

    kurim-jos Pfad.

kurim-lōt Spur.

kurimalem ein- und ausgehen.

kurjń zu Fuss seiend oder fahrend; mit (langen) Beinen versehen.

kurjń-voi Cervus alces.

kurmck Pfeffer. Syrj. gormög, görmög.

kurmemalem einen Schritt machen.

kurpa Graupe. R. крупа.

kūrt, s. kȫrt.

kurtaptalem ermüden.

kurtlcm (Obd.) nicht können, unvermögend sein; milde werden.

kuś Rausch; kuś sagat im Rausche.

kuś-ruv (Rausch-Hitze) Katzenjammer.

kūs, kūvjs oberer Pelz aus Reunthierfellen mit den Haaren nach aussen; die entsprechende russische Benennung рысь ist dem Ostjakischen entlehnt.

kuśai Hausherr, Hauswirth. R. хозяинъ.

kuśar, kus-kur, kuśti-voi Sciurus striatus.

kusi Reif (zu Fässern); Bogen.

kusi-lak Pflock oder Ring in den Stäben, mit denen ein Schneeschlittschuhläufer versehen ist.

kuślcm folgen, verfolgen.

kusmaltlem (Obd.) anschaffen, erlangen.

kuśul, s. kosäl.

kuš, s. kunḍ.

kuš-kār, s. kunḍ-kar.

kuš-tēl, s. kunḍ-tēl.

kušlem, s. kunḍlem.

kušta-jux, s. kunḍta-jux.

kūt Zwischenraum, Zwischenzeit. F. kes-ki. Syrj. kost.

kutcrlalem gewärmt werden.

kutasjpsa Zank, Streit.

kutertlem glühend machen.

kutjń feindlich; zänkisch.

kutjń-xo Feind.

kūtjń mittel-, mittlere.

kūtjp, kūtljp, kūtlap Mitte; mittlere; k. sagat, kūtjpna mitten in, unten.

kutrjń bitter; heiss.

kutjlajem, kutsilajem betrunken werden. Vergl. kuś.

kutim, kutsim betrunken, besoffen.

küvil Schlittenschelle.

L.

lāgas Pilz.

laiṅ Eiter.

laiṅlalem eitern.

lak Ring, Kreis; lakka rund um, rund herum; lakka xontlem auseinander laufen.

    lakka-pösatipsa, s. pösatipsa.

lākantlem ausgehen, ausfallen (vom Haar).

laktalem verachten, geringschätzen.

lālīlem betasten.

landax, lonśak Seife.

laṅgal (Obd.), laṅgil und laṅgil Dach.

laṅgaślem, langiślem, laṅkiśalem (Obd.) sich decken, sich bekleiden. Vergl. laṅxslem.

laṅgip Deckel; Schlittendecke.

laṅgipsa Deckung, Bedeckung.

laṅgista-sox Bettdecke.

laṅxlem bedecken, kleiden, bekleiden; zumachen, schliessen.

laṅxslem, laṅkiśalem sich decken, untergehen (von der Sonne).

laṅlem eingehen, aufgehen. Vergl. loṅxlem.

laṅṅillem führen, einführen.

lap, lep nahe.

    lap-xirlem vergraben, verscharren.

    lap-xuntlem zusammenkleben.

    lap-jirlem zubinden (die Augen in Blindekuh).

    lap-joġotlem herzutreten, sich nähern.

    lap-jouvirtilem sich verhüllen.

    lap-jouvirtlem verhüllen.

    lap-lukemalem zustopfen.

    lap-maulem untergehen (von der Sonne); stillschweigen.

    lap-peisattalem zustopfen.

    lap-portlem (Obd.) verschneien (einen Weg, eine Spur).

    lap-ragiltlem neigen (?).

    lap-raxlem berühren, anrühren.

    lap-šošemalem, lep-šušcmalem hintreten.

    lap-tallem zusammenziehen.

    lap-toġorlem zumachen, zuschliessen.

lap-tumantlem mit Schloss zuschliessen.

lap-verlem, -vertalem umzäunen.

lät, löt Pfuhl, Grube, Grab; lätna in, pitmal lätna in seinem Beginnen oder Erstehen.

laulem (Obd.), s. laviltalem.

lautlem herausziehen.

lävim, laum Kohle.

lēbek, s. lēpek.

lēbes-xät Laubhütte; vergl. lēpis.

leiśatlem steuern.

leńamalem schwach werden.

lentlem sich bewegen, zittern.

lep..., s. lap...

lēpek, lēbek Canis lagopus.

leś Schimmel.

leśtan Wetzstein.

libas leer, ledig, frei.

lībet, līpet Blatt. F. lehti.

　　lībet-uxta-xatl Pfingsttag.

lilem (Obd.), s. lēlem.

ljbjndi Schmetterling.

ljnta, ljnti Emberiza nivalis.

loġäli Anas clypeata.

lögonlem gleiten.

lögoptlem ausziehen.

lox Bucht; Bach (?).

lox Blume (?).

loxtań schwer; Schwierigkeit.

loxtemalem sich bemühen.

loilem (Obd.) singen.

loimtlem (Obd.) aufstehen.

löm Schatz.

ľom, s. ľum.

lońśak, s. landax.

loṅgim-jux (gespalten-Holz), loṅ-jux Kienspan.

loṅgitlem spalten.

loṅlem, s. lańlem.

lorīlem (Obd.) rollen.

loś, s. loṅs.

lösītlem auseinander nehmen, ausspannen.

loslem stellen, setzen.

lŏt, s. lăt.

lotalem knistern, krachen.

lŏttalcm begraben.

loulant Bündel getrockneter Fische.

louniñ (Obd.) Cyprinus idus.

ľuk Tetrao tetrix.

lukemalem, lukemīlem (frequ.) einstecken.

lüle Colymbus auritus.

ľum, ľom, jum Vogelkirsche. Syrj. ľöm.

> ľum-jux Vogelkirschbaum. F. tuomi.

lūm warm, Wärme (?). F. lämmin.

lūmatlem (Obd.) heizen, einheizen.

luñse warm, heiss.

lušitlem dienen; anbeten. R. слушить.

L (l).

labas Speicher. R. лабасъ.

lăbjt, labet sieben; Woche.

> lăbjt-ox Woche.

> lăbjt-ox-xătl Sonntag.

lailem, loilem, loillem, lollem, lolamtlem, lolimtlem stehen; kosten; noxla l. hervorragen. F. seison.

laillem, s. lavjllem.

lajrt, lavjrt schwer.

lajim, lajem Axt, Beil.

> lajem-muñx Axthammer oder -rücken.

> lajim-ox Rücken oder Kopf der Axt.

> lajim-vei, -voi Stiel am Beile.

laklcm, lakselem spucken.

lal Faden, Klafter. F. syli. Syrj. syl.

lălimlcm, lăllem athmen.

lăltjpsa Einhauchen, Eingebung.

lăltjptalem athmen lassen; einhauchen.

laltmalcm seufzen.

lampa-xo (gleich-Mann) Mitbruder.

lant Getreide; Mehl; Grütze, Graupe.

> lant-xăr Acker, Feld.

> lant-pum (Getreide-Gras) Stroh.

> lant-sem Grütze, Graupe; Korn.

> lant-törjn (Getreide-Gras) Stroh.

laṅgälem, laṅxmalem wollen, wünschen.
laṅgi Eichhorn.
    laṅgi-šaš (Eichhorn-Rücken) Fuligula marila.
    laṅgi-šaš-keu (Eichhorn-Rücken-Stein) Blaustein.
laṅgil Dach.
laṅkir, laṅgir Schulter.
lapa Teppich aus Gras oder Schilf.
lāpes, lõpis Lappen, Fetzen; Band.
lāpitlem nähren, ernähren, füttern; tutna l. verbrennen.
laptipsa Nahrung, Speise, Essen.
    laptipsa-jaṅstipsa (Essen-Trinken) Unterhalt.
lär Acerina cernua, Kaulbarsch.
lāras Kasten, Schachtel. R. ларецъ.
larbi Köder.
lartlem, tuš l. den Bart rasiren.
    lartta-keši Rasirmesser.
läsel geräumig.
laslavitlem segnen. R. благословлять.
lau Rückströmung (in einem Strome).
lavemalem, (einmal) kosten, anfangen zu essen.
laviltem, laultem, Inillem (Obd.) bewahren, hüten; weiden
    lassen; erwarten.
    lavilta-xo Wächter, Wärter; Führer.
lavilśalem sich hüten, weiden.
laviltalem, lavitlem, lautlem, laulem (Obd.) sprechen;
    schimpfen, schmähen.
läl Streit, Krieg; Kriegerhaufen.
    läl-xo Krieger.
    läl-mur Kriegsheer.
lēbit, s. lēpit.
leġo Schwager (Mannes Bruder).
lek Weg.
lēl klein vom Wuchse.
    lēl-kam etwas klein.
lēlajem verzehrt werden; iskina l. frieren, tutna l. verbranut
    werden.
lēlem essen; nõn l. Beischlaf üben. F. syõn.
lellem einsteigen.
lēlla, lēlli ohne zu essen; der nicht gegessen hat, hungrig.
leltalem, leltlem laden, beladen.
leṅgir Maus.

lēpiltapsa Trug.

lēpiltapsaiṅ trügerisch, schlau.

lēpiltlem, lēpetlalem trügen.

lēpiṅ Vorhaus.

lēpis Nadel (der Pflanzen); Zweig, Ast.

lēpit, lēbit weich, schlaff; gutherzig, wohlwollend.

    lēpit-sämpa weichherzig, gutherzig.

leplem eingehen, eindringen.

leptamtlem weich machen, erweichen.

lēr Wurzel.

leramlem, s. liramlem.

leramtlem, s. liramtlem.

lērimtlem, lermitlem, lermiltlem, lērimtīlem (frequ.) streuen,
unterstreuen.

lermipsa Streu, Bett.

lēśatlem, lēśatmalem (inchoat., mom.) verbessern; anpassen;
    übereinkommen.

leśkam geräumig.

leśiṇim gutgeheissen, tauglich.

lētat Essen, Speise.

levi Diener, Helfer, Stütze.

    levi-nē Dienerin, Sklavin.

levi-jogan, auch leu-jogan der Fluss Sosva.

lēvipas Nahrung.

lilem und litlem verlangen, begehren, wollen.

līkamlem, līkmilīlem (frequ.) sich treffen, sich finden, gerathen, erscheinen.

lipa, lipi, libi Gefäss, Geschirr; das Innere.

lipiṅ geräumig.

lī, auch lī Schweif, Schwanz; Eiter.

lik Zorn, Bosheit; likna tailem hassen, verabscheuen. Syrj.
   lok.

līkamtlem, līkamtalem, līkmaltalem erzürnen, aufbringen.

līkaślem sich ärgern, in Zorn gerathen.

likiṅ böse, zornig.

    likiṅ-xo Feind.

līl, līl Leben, Geist, Athem, Geruch. Syrj. lol.

līlelem unruhig sein, zu geschäftig sein.

līlem faulen; lijim, līm verfault, faul, sauer.

līliṅ, līlaṅ lebendig.

litlem erschüttert werden; nömisna l. bestürzt werden.

ḷiltalem, ḷiltlem faulen lassen.

ḷilteślem sich verwickeln, sich verwirren.

ḷiltipsa Bestürzung, Verwirrung.

ḷiltlem verwickeln; mischen, vermengen.

ḷinamitlem schwächen, erschlaffen.

ḷir bekannt.

ḷiramlem bekannt oder gekannt werden, sich zeigen.

ḷiramtalem, ḷiramtlem kennen lernen, erkennen, erforschen, untersuchen; anzeigen, kund thun.

ḷiś Schlinge (um Vögel zu fangen).

ḷit Ärmel.

    ḷit-siḷ, -siḷ Armband.

ḷitip, ḷitäp Fischroggen.

ḷitpiṅ viel Roggen enthaltend.

ḷöḍek Gulo borealis.

logitlem, logotlem waschen, spülen; schleifen, schärfen.

logotsilem, logotīlem sich waschen.

ḷöġollem, ḷūġollem, ḷūxollem kauen.

lox, tox Schneeschlittschuh. F. suk-si.

    lox-pant Spur der Schneeschlittschuhe.

ḷöxos, ḷūxis Freund.

ḷoxtaslem schärfen, wetzen.

ḷoilem, s. lailem.

ḷoilem hangen, schweben, schauckeln.

ḷoitlem stehen lassen, anhalten.

ḷol geschmolzen, ungefroren, flüssig. F. sula.

ḷolalem, ḷollem thauen, schmelzen. F. sulan. Syrj. sylny.

ḷölalem verstecken. F. sala.

ḷolamtlem, ḷölimtlem, s. lailem.

ḷölimlem stehlen; ḷolmim gestohlen; ḷolma insgeheim, heimlich.

    ḷölimta-xo Dieb.

ḷollem, s. lailem.

ḷolmax Dieb; auch Gulo borealis.

ḷolmipsa Diebstahl.

ḷolpa, ḷolpi Blei. Derivat von ḷol.

ḷöm, ḷömit Kleidung, Kleider.

ḷömitla, ḷomilta, ḷomalta ohne Kleider, nackt.

ḷömitlem ankleiden; sich kleiden.

    ḷömitta-sax Kleider.

ḷömitśalem, ḷömtiḷilem sich kleiden.

ḷomtiptalem bekleiden, mit Kleidern versehen.

lon Flachs. R. лёпъ.

lōn Ader, Sehne, Saite. F. suoni.

lōnan, l. jintip grosse Nadel mit Draht aus Rennthiersehnen.

loṅś, loś Schnee. F. lumi. Syrj. lym.

    loús-pai Schneehaufen.

    loṅs-pōšịx (Schnee-Junges) Reif.

loṅsimalem kalt werden.

lonsịmtlem einstecken.

loúsitlem kalt werden lassen.

loúslem stechen, einstecken, stellen, setzen; umzäunen.

lont, lunt Gans.

lōṅga-jogau, auch laṅṅal-jogan der Fluss Irtysch.

loṅgemalem einmal eingehen.

loṅgiltalem einführen, hineinführen; pernaja l. taufen. Vergl.
    laṅṅịltem.

loṅgiltilem, loṅgitśalem sich einführen, eingehen; pernaja l.
    sich taufen lassen.

loṅgịltịm, loṅgịltipsa Einführung; pernaja-l. Taufe.

loṅgịm Eingang.

loṅgipsa, xatl-l. Untergang der Sonne.

loṅx Götze, Götzenbild.

loṅxlem eingehen; pernaja l. getauft werden. Vergl. laṅlem.

loṅxtilem oft eingehen.

lōp, lūp Ruder.

lopīlem flüstern.

lōpịs, s. lūpes.

loplem sprechen.

lōr eine von einem Flusse durch Uberschwemmung gebildete
    seichte Bucht. In's Russische ist das Wort in der Ge-
    stalt copъ (sor) eingekommen.

lōrịm, s. xulta-pun.

loślem, s. loṅslem.

lostalem einweichen, aufweichen.

lotek Wanze. F. lude.

lōtlem kaufen.

lou, lovi Pferd; xor-l. Hengst; nē-l. Stute.

    lou-xōt (Pferd-Haus) Pferdestall.

    lou-lak (Pferd-Ring) Kummet.

    lou-mis (Pferd-Kuh) Vieh.

    lou-ṅaurịm (Pferd-Kind), lou-pōšịx (Pferd-Junges) Füllen.

    lou-varas Mähne.

lovi-xōrāsip einem Pferde ähnlich.

louiń, Adj. von lou.

    louiń-jux Bock (Gestell).

lovat Grösse; ganz, all.

lovatelin (lovat-tēlin?) gänzlich, überall.

lovatiń sehr gross, erwachsen.

lovillem, loulelem rudern. Vergl. löp. Weps. šoldan, F. soudan.

    lovilta-xo, loulcta-xo Ruderer.

loviltilem, Frequ. von lovillem.

lū Knochen. F. luu. Syrj. ly.

lūġollem, s. lōġollem.

lūxis, s. löxos.

luxlemalem ein wenig kauen.

lūxollem, s. lōġollem.

lui Finger, Zehe; još-l. Finger, kur-l. Zehe; pań Daumen, öliń-lui (der erste F.) Zeigefinger, kūtlip-l. Mittelfinger, nemla-l. (der namenlose F.) Ringfinger, vośńa-l. der kleine Finger.

    lui-karti (Finger-Eisen) Fingerhut.

luilem schreien.

luit, luit-lak, luit-nōr Fingerring.

luitiń mit Fingerringen versehen.

lulna, vielleicht = lolna im Aufthauen, im geschmolzenen Zustande.

lūmitlem, s. lömitlem.

lūmitla-sax, s. lōmitta-sax.

lūmitlilem sich kleiden.

lumtiptalem, s. lomtiptalem.

luńsitlem, s. lońsitlem.

lunt, s. lont.

    lunti-pākit Schwarm oder Zug von Gänsen.

luntlem, s. luńgitlem.

luń Sommer; luńna, luńin im Sommer. Syrj. luu.

    luń-ḍuńk, luń-mī-lōt Stelle, wo im Frühjahr der Schnee abgegangen ist.

luńgitlem, luńgatlem zählen, lesen. F. lugen.

lūń beinig, knöchern.

luńx, s. lońx.

luńgitśalem, s. lońgiltīlem.

luńk Pflock, Nagel, Keil.

lūp, s. löp.

lūtlem, s. lötlem.

luvįtlem färben, mahlen.

M.

mailelem (Obd.) bewirthet werden. Vergl. moi.

makįl Sumpfbeere (oxycoccus).

makįr Puckel.

makla Pernis apivorus.

mal tief.

malań, malįń kleiner See; Wasserpfuhl nach dem Abgange des Flusswassers im Sommer.

    malań-xul (Ber.) Cyprinus carassius.

malat Tiefe.

malem, mailalem geben.

malemalem, malīlem, maleslem fühlen, anfühlen, betasten.

manįm Fortgehen, Weggang.

mańdalem, mańdīlem (frequ.) reissen, zerreissen.

manlem, mandlem gehen, fahren, weggehen, wegfahren; katna m. sich scheiden. Syrj. munny. F. menen.

manster-voš, master-voš (Kloster-Stadt) das Kirchdorf Kondinsk, wo ein Kloster ist.

manšiń Tetrao urogallus.

maratlem, marīlem (frequ.) donnern.

marek-pun Flügelfeder.

marįm langweilig, verdriesslich; Langeweile.

marla ohne Sorgen (?).

marįmalem sich langweilen, überdrüssig werden.

marįmtaptalem Langeweile verursachen.

marsēp Langeweile.

marsepįń langweilig; der Langeweile hat.

marsįm Plage, Angst.

martlem (Obd.), s. morįtlem.

martlem, maremalem (mom.), maremīlem (frequ.) tauchen, untertauchen.

masl, masįs, s. moslem.

masta, mastat, s. mosta, mostat.

mastįpsa, s. mostįpsa.

mäšįk Faust.

mavį Honig. F. mesi. Syrj. ma.

mavị-verta-voi (Honig-machen-Thier) Biene.

mavịń, Adj. von mavị.

    mavịń-ńań (Honigbrod) Pfefferkuchen. (F. mesileipä.)

märek (Kond.) Vorderarm.

meịl, mevịl, megịl Brust; Reihe, Antheil; meịlna nach der Reihe, wechselweise.

    meịl-lŏpịs (Brustlappen) Brustschmuck der ostjakischen Weiber, belegt mit Rechenpfennigen, kleinen Metallplatten u. dergl.

    meịl-lū Bruststück (eines Thieres).

mcịlịń, Adj. von meịl.

    meịlịń ńauram Säugling.

    meịlịń oxsar Fuchs mit grauer Brust (R. спводушка).

mēlịk warm; Thauwetter.

melkoś Neunauge.

meń Schwiegertochter. F, miniä.

    meń-nō Braut.

menelem, ininlalem sich biegen.

mcnịmlem herausziehen, ausreissen, abreissen.

menịmśalcm sich abreissen.

mentlem, menlalem, menetlem, mentilīlcm (frequ.) biegen, krümmen.

meńk Waldgeist, Teufel.

    meńk-ima Waldteufelin.

mēra Mass. R. мѣра.

metịpsa Erschöpfung, Ermüden.

metlem müde werden.

inetltalem ermüden.

mcịīlem zustopfen.

meudań, meudịń eine Art Leuciscus. Syrj. pevtan.

meul (Kond.) Coregonus albula, von den Russen am Ob сельдь (seldj, d. h. Häring) genannt.

mijantlem sich ergeben, sich treffen, gelingen.

mil Mütze.

mīlem, mīlalem, s. malem.

milostińa Almosen. R. милостыня.

mīpsa Geben; Gabe.

mir, s. mur.

mirat allgemein, der Gemeinde gehörig.

mis Kuh. Syrj. mös.

    mis-pŏšịx (Kuh-Junges) Kalb.

mis-saxsįń (aus Kuh-Fett) fette oder Fleischspeise (nicht Fastenspeise).

mis-voi Butter.

mīśalem sich geben; gegeben werden.

misi Erdhügelchen.

misįń hügelig.

mit Miethe, Lohn. Syrj. med.

    mit-xo Miethling, Lohnarbeiter.

mitalalem, mitatlem miethen.

mitaślem sich miethen lassen, gemiethet werden.

mį, mįv, mu, mū Erde, Land. F. maa. Syrj. mu.

    mį-xār-voi (Erde-Feld-Thier) Maus.

    mį-xor (Erde-Ochs) Mammuth. Diesem Namen liegt die Vorstellung der Ostjaken zu Grunde, dass das fossile Thier, dessen Knochen sie häufig finden, noch in der Erde lebt.

    mį-ler Wurm.

    mį-tįm-jux (Baum der Schöpfung der Erde) Wachholder. Der Name hat seinen Grund in der Annahme der Ostjaken, dass der Wachholder unter allen Bäumen zuerst geschaffen wurde.

    mį-uš (Land-Gränze) Bezirk.

mįa Krümmung (eines Flusses).

mįań (von Flüssen) der viel Krümmungen hat, sich schlängelnd.

mīń von Erde.

mįs-voi Habicht.

mogįtlem ausspannen.

moġol, mūġol Leber. F. mak-sa. Syrj. mus.

moi Gastmahl, Hochzeit.

    moi-xo Gast.

    moi-xōt Haus, wo eine Hochzeit gefeiert wird.

    moi-pora, moi-pori Zeit der Hochzeit.

moilįlem schenken.

moilįpsa Geschenk, Gabe.

    moilįpsa-vįta-xo Geschenkenehmer, der sich bestechen lässt.

moilįptalem beschenken; bewirthen.

moiń, Adj. von moi.

    moiń-xōt Gasthaus.

moiper Geist, furchtbares Wesen; auch Bär (richtiger wohl einer von den vielen Beinamen des Bären, weil man seinen eigentlichen Namen, um Unglück zu vermeiden, nicht nennen darf).

moitek Seife. R. мыло. Syrj. maitög.

molxta Hausgeist.

molke ungehörnt. F. muli.

molkamlem die Hörner abwerfen, ungehörnt werden.

molsalalem überflüssig werden.

moɫsań, auch **molipśa** innerer Pelz mit den Haaren nach innen (sieh küs). Die entsprechende russische Benennung малица (malitsa) stammt wohl von diesem ostjakisch-samojedischen Worte ab.

molsatlem lassen, verlassen.

moltas Überschuss; überflüssig.

moltasiń überflüssig.

mön männliches Geburtsglied. F. muna.

mondal Bündel, Pack, Last.

mońe Neffe.

mondjltilem sich einhüllen.

mondjltlem einhüllen, einwickeln.

mońs, moś Märchen.

mońslem, moślem, mońtlem Märchen erzählen.

moṅgol Knoten.

moṅx, mox, moṅk Maulwurf.

mor einsam, unbewohnt.

mora die Strecke Weges, welche ein Rennthier ohne Rast laufen kann.

morax, murox, s. mū-rix.

moraltalem feuchten, benetzen, einweichen.

moraltlem eintauchen, eintunken.

moritlem brechen, zerstückeln. Vergl. F. muru und murentaa.

moritśalem sich zerstückeln.

mörjm Falte.

morlem nass werden. Vergl. F. mär-kä.

mort Mass; si mort dermassen.

mortalalem messen, wägen.

> **mortalata-lipi** (wägen-Geschirr) Mass.

mortjn selten.

mos, s. moš.

moś, s. mońs.

moslem Noth leiden, bedürfen; mosl, masl, Præt. mosjs, masjs es gehört sich, es ist nöthig.

moślem, s. mońslem.

mosltalem küssen.

mosta, masta, moslat, mastat nöthig; lieb.

mostipsa, mastipsa Nothwendigkeit, Bedürfniss.

mostlem lieben.

    mostta-xo Freund, Nächster.

moš äusserliche Krankheit, Gebrechen; Fehler.

mošimlcm beschädigt werden.

mošla ohne Gebrechen; unschuldig.

mošmallem beschädigen.

moštalem fühlen, spüren, wahrsagen, muthmassen, errathen, verstehen.

moštiptalem bekennen.

mū, muv, s. mī.

    mū-ter-voi, s. mī-ter.

    mū-rix (Erd-Beere) Rubus chamæmorus. F. muuran.

    mū-tel (Erde-voll) die ganze Erde.

mudra, mudraiń, s. mutrań.

muġi (Kond.) Cyprinus carassius.

mūġol, s. moġol.

muġotlem ausspannen.

muxsań, muxseń die bekannte Coregonusart, die die Russen mit dem ostjakischen Worte муксунъ (muksún) benennen.

muijipta (Kond.) Räthsel.

muijiptalem (Kond.) Räthsel aufgeben.

muk Sorge; Plage. R. мука (?).

muksilem sich bücken, sich beugen. `

multlem schwören, fluchen, verfluchen.

muńġali, muńġil Bündel; Büschel, Wische.

muńgaslem wischen, abwischen.

muńgastalem abwischen.

muńxlem abwischen, abreiben.

mur, mir Leute, Menge, Dorfgemeinde. R. миръ.

mus (Obd.), s. mis.

    mus-jińk Kuhmilch.

musta, musti lieb. Vergl. mosta.

mustalem gefallen; werth sein.

muš, s. moš.

mušas-jux Wachholder.

muši Ameise.

muši-pai Ameisenhaufe.

mušįń krank.

mutrań, mutraiń weise, klug, geschickt, schlau; künstlich. R.
мудрый und мудрёный.

muvį Bug; Krümmung (eines Flusses). Vergl. mịa.

muvįń gekrümmt, sich schlängelnd. Vergl. mịań.

N.

nagarlalem strömmen, rieseln.

ńagaslem reinigen oder ausnehmen (einen Fisch).

ńagatlem, ńagatlalem lachen machen, zum Lachen bringen.

ńax Lachen. F. nagru, nauru.

ńax-kaš (Lachen-Vergnügen) Spiel, Scherz.

ńaxįń lächerlich; lachend, der viel lacht.

ńaxįń-jontįń (lachend-spielend) froh, heiter.

ńaxipsa Spott, Verspottung.

ńaxlem lachen. F. ńagran, nauran.

ńaxsįp Spatel beim Reinigen der Fische.

ńaxšemalem niesen.

ńaxtenlem niesen.

nai Frau. F. nai-neu.

nai-ûrt Herr; Herrschaft (?).

nai (Obd.) Sonne.

nai-ort (Sonne-Mond) die Blattern (Obd.).

naitśalem hoffen, erhoffen. R. надѣяться.

nak Glied, Knie oder Knoten (an Gewächsen).

ńakašlem schluchzen.

nakįń gegliedert, knotig.

nal Stiel.

ńali Löffel; ńalina janslcm mit dem Löffel essen.

ńali-tẽl ein Löffelvoll.

ńälįm Zunge, Sprache. Vergl. F. niel-en und nielu.

ńälįmla (ohne Zunge) stumm.

ńälįp Glanz.

nallem mit Stiel versehen.

ńalmīlem lügen, verläumden.

ńalmjń trügerisch, lügenhaft.

ńalpīlem glänzen.

ńalšįp Lockspeise.

ńalšįptalem angeln.

nambir Kehricht, Staub.

ńāmik weich.

    ńāmik-sāmpa weichherzig.

nāmil Filz.

ńań Brod. Syrj. ńań.

    ńań-ox-pēl Anschnitt (vom Brode).

    ńań-rūtta-kenas (Brod-mischen-Zuber) Backtrog.

    ńań-šuk Brodkrümchen.

    ńań-šup Bissen oder Stück Brod.

    ńań-voi-xatl Weihnachten, den Wörtern nach „der Tag
        der Teigthiere“, angeblich weil bei den Russen Ge-
        bäck, geformt wie gewisse Thiere, bei diesem Fest
        vorkommen soll.

    ńań-vontat grosses Brodstück.

ńańiń-soliń gastfrei. Das Wort ist dem russischen хлѣбо-
    сольныïï nachgebildet.

nańk, nańk-jux Pinus larix.

ńańńa Nichte.

ńār, ńāra feucht, nass, roh; nackt, bloss, kahl.

    ńār-kurpa, -kurti barfüssig.

    ńār-lant (feucht-Mehl) Teig.

    ńār-lōmitla (nackt-ohne Kleider), auch ńār-lomilta und
        ńār-lomalta nackt.

    ńār-ńań (feucht-Brod) Teig.

    ńār-ox, -oxpa kahlköpfig.

ńara Reif (zu Fässern).

naras Spiel, Musik.

    naras-jux (Musik-Holz) Saiteninstrument, Fidel.

naraslem auf einem Saiteninstrumente spielen.

    narasta-xo Spieler.

    narasta-jux, s. naras-jux.

nārip Schabeisen.

narkīlem schnarchen.

ńartlem, ńartamlem, s. ńortlem.

naš stumpf.

ńatśalem schonen, verschonen.

ńatsiń leicht, gelind.

ńaur, ńavir Schaum.

ńauram, ńaurim, ńavirem Kind; xo-ń. Knabe, nē-ń. Mädchen.

ńaurt-nē, s. navirti-nē.

    ńaurt-nē-xošap (Frosch-Höhlung) Muschel, Muschelschale.

navi̯, novi̯, nouva, nouvi̯ weiss, licht, hell; Licht; navi̯n beim Tageslichte; navi̯ jil es tagt.

navi̯-ańen (weiss-Hals) weisshalsiger Fuchs oder dessen Fell (R. бѣлодушка).

navi̯-xōrpa, -xōrpi gelb.

navi̯-lolpi (weisses Blei) Zinn.

navi̯-mū (weisse Erde) Kreide.

navi̯-ńol Pferd mit weissem Maule.

navi̯-tōri̯m (heller Gott) Himmel.

navi̯-vox (weisses Metall) Silber.

ńavi̯rem, s. ńauram.

navi̯rlem, navi̯rmalem (mom.) springen, hüpfen.

navi̯rti-ńē (hüpfendes Weibchen) und

navi̯rti-vai (Obd., hüpfendes Thier) Frosch.

ńavrīlem verläumden, schmähen.

nē, neń (Obd.) Weib, Weibchen; die Dame (der Karten); ai-nē Mädchen, ikiń-nē Frau. Vergl. F. nei-ti.

nē-āmp Hündin.

nē-xo, neń-xo, neń-xoi (Weib-Mann) Mensch.

nē-lou Stute.

nē-ńauri̯m Mädchen.

nē-oš Schaf.

ne-vi̯li Rennthierweibchen.

nē-voi Weibchen (von Thieren).

ńekerślem schluchzen. Vergl. ńakašlem.

ńelax-pun, s. ńulak-pun.

nelamlem sich auflösen, zergehen.

ńelemalem auf einmal verschlingen.

ńeli̯ń hungrig; gefrässig.

ńel-kurpa vierfüssig.

ńellem fressen, verschlingen. F. nielen.

nem Name. F. nimi. Syrj. nim.

neman mit Fleiss, absichtlich.

nemes deutsch, Deutsche. R. нѣмецъ.

nemes-karti (deutsches Eisen) Eisenblech.

nemi̯tlem nennen, benennen.

nemi̯tśalem sich nennen.

nemla namenlos; n. lui Ring- oder der vierte Finger.

nempa der einen Namen hat, benannt.

nēni̯ń, Adj. von nē; n. xo verheiratheter Mann.

neń, s. nē.

nepăk, nepĕk auch nĕpäk Papier; Buch. Syrj. nebög.

nepäkiṅ papierner.

 nepäkiṉ-xo schriftkundiger, schriftgelehrter.

neplu das Rennthierkalb bis es ein halbes Jahr alt ist. Samojedisch. Das russische пеплюй ist entlehnt.

neremalem (Obd.) wegnehmen.

nerīlem verfahren.

nerịlīlem reiben, einreiben.

nerịmalem einmal streichen.

nerịp Färbestoff, Farbe.

 nerịp-jux (Farbe-Baum) Erle.

nerlem schmieren, reiben; lolpina n. verzinnen; ölịpna n. anmalen, anfärben; saran-öṅxna n. theeren.

nertat Schmiere, Salbe.

nesamlem gleiten, glitschen.

ńeš, naš stumpf.

ńešmajem, ńešmalem stumpf werden.

ńešmatlem stumpf machen.

nī Tante (mütterlicher Seite).

ńilajem erscheinen, sichtlich sein.

nim der untere Theil; der untere Lauf eines Flusses; Norden.

 nim-mū das Land oder die Gegend um den unteren Lauf eines Flusses.

nīmel Schneeschlittschuh, dessen untere Seite mit haarigem Rennthierfell bekleidet ist.

nimlaṅ mit Schneeschlittschuhen versehen.

nimsar Spinnengewebe. Vergl. jimsar.

 nimsar-imi (Spinnengewebe-Mütterchen) Spinne.

ńiṅslem ausruhen.

ńir Sommerschuhe ohne Schäfte.

 ńir-kūs (Schuh-Pelz) Kleider, Bekleidung.

ńirki Acerina cernua, Kaulbarsch.

nisịṅ Milch (der Fische).

niš, niši Fischangel.

 niši-jux-šup Holz mit angeknüpften Fischangeln. (R. перемёгъ.)

nišlem sich dehnen.

nišlīlem angeln.

nịlajem, s. ńilajem.

nịṅk, nịṅk-voi Wurm, Motte.

nịṅktax-nē Fliege.

nịr Stange.

nịrịmtlem wegnehmen. Vergl. ncremalem.

nịtat sichtlich. Vergl. nịlajem.

ńogalem, ńoxalem gerüttelt werden, wanken.

úogaltlem, s. ńoxallalem.

nōgor Cederzapfen.

    nōgor-jux die sibirische Ceder (pinus cembra).

    nōgor-léta-nē (Cederzapfen-essen-Weibchen) Nucifraga.

    nōgor-sēm Cedernuss.

    nōgor-sēm-voi Cedernussöl.

ńogortlem, ńōg̓orlem hobeln, schnitzeln.

ńog̓a, ńog̓i Fleisch; Körper.

    ńog̓-ēsclta-xatl (Fleisch-lassen-Tag) der Tag, an welchem man aufhört Fleisch zu essen. Das Wort ist dem russischen мясопустъ nachgebildet.

    ńog̓i-pul Fleischbissen.

ńog̓alem ersticken, erwürgen.

ńōg̓ol hinkend.

ńog̓os, s. ńoxos.

nox obere Seite; nach oben.

    nox-etlem auftauchen.

    nox-xịrlem aufgraben, ausgraben.

    nox-iśmilem, s. iśmilem.

    nox-kiltelem aufwecken.

    nox-lōsītlem auskorken, auspfropfen.

    nox-navịrmalem aufspringen.

    nox-rakịnlem erwachen.

    nox-serịmlem, s. serịmlem.

    nox-tallem anziehen, spannen.

    nox-vịlem erretten (?).

ńoxallalem, ńoxtalem, ńog̓altlem rühren, bewegen, schwanken, schütteln.

ńoxalśalem sich herumtreiben, herumirren.

noxlem, ńoxlem hinken; picken.

ńoxollem, ńūg̓ollem laufen, nachjagen, treiben.

ńoxos, ńoxịs Zobel. Syrj. niz.

ńoxrịp (Kond.) Messer.

ńoxsịm Kiefen, Kiemen.

noi, nui Tuch. Syrj. noi.

noitịp Schaukel.

noittīlem sich schaukeln.

noitlem (?), ńokatlem schaukeln.

ńoki-xịr, s. ńugi-xịr.

ńol Nase, Schnautze, Maul, Schnabel; Spitze, Pfeil; Schirm (an einer Mütze); Vordertheil eines Bootes; Landspitze, Halbinsel. Vergl. F. nuoli, nenä, niemi. Syrj. ńöl.

    ńol-ilpi-tuš (Nase-untere-Bart) Schnurbart.

    ńol-pûńgịl (Nase-Seite) und

    ńol-suń, auch ńol-šuń-vịs und ńol-vịs Nasenloch.

ńōl Farbe; Mennig.

ńolcmalem einmal lecken.

ńolġa, ńolġi, ńolġa-jux Silbertanne (pinus picea).

ńolịlem, ńollịlem lecken, oft lecken.

ńōlịm, ńûlịm Wunde; Schorf.

ńollem lecken. F. nuolen.

ńolmịń verwundet.

ńollịpsa Schwur, Eid.

ńoltịptalem Eid leisten lassen, zum Eidschwur bringen.

ńoltlem schwören, fluchen; einen Eid leisten.

ńöltlem färben, malen.

nomaltalem einen an etwas erinnern.

nomịlmalem, nomịmlem denken, sich besinnen, sich erinnern.

nomịpsa Gedächtniss.

ńomịr, ńumri rund.

    ńomịr-tǎk (rund-stark) ganz.

nöιnịs Gemüth, Sinn, Verstand, Gedächtniss.

nömịslem, nömịslilem denken, überlegen; an nömịslịman un- überlegt.

nömịslịpsa Gedanke.

nomlem sich erinnern.

nomna zweijähriges Rennthierweibchen.

nomsịń verständig, klug.

nön weibliches Geburtsglied.

ńońgịl Schnecke.

nöpetlajcm schwimmen; noptịm jux Treibholz.

noptallem, noptịptalem schwimmen lassen, flössen.

ńor Knorpel.

nör Brücke.

nora, nori breite wandfeste Bank oder Bett; Pritsche. R. нары. Syrj. nar.

    nora-sai (Bett-Seite) Bettvorhang.

    nori-ilpi der Raum unter einer wandfesten Bank.

nōrįm Gestell, worauf Fische getrocknet werden.

ńörim, ńūrįm, ńarįm Morast. Vergl. ńär. Syrj. ńur.

    ńörįm-leṅgįr (Morast-Maus) Myodes obensis.

ńorįmlem biegen, bücken.

ńorsa, ńorsi Salix.

ńortlem drücken, pressen.

nörtlem einen Morast oder eine sumpfige Stelle mit Hölzern
    belegen, überbrücken.

ńosįmlem gleiten.

ńosįtlem schmieren, streichen.

ńōta Rennthiermoos.

ńotįp Zugabe, Zulage.

ńotlem, ńotįlem zulegen; helfen.

nouva, novį, s. navį.

nū, nuv Ast, Zweig.

nūbįt, nūpįt Zeit, Zeitalter, Lebenszeit.

    nūbįt-ulįpsa oder volįpsa das ewige Leben.

ńuga, ńuka, ńugi, ńuki Sämisch, Leder. F. nahka.

    ńugi-xįr (Ledersack) Beutel.

    ńugi-ištanįń der lederne Hosen hat.

    ńuk-kel (Lederstrich) Riemen.

    ńuga-vai ostjakische Sommerstiefel; werden von der
        Russen исговаи genannt.

ńūġomlem, ńūġumlem, ńuxmalem sagen, benennen, antworten.

nuxlem, s. noxlem.

nui, s. noi.

    nui-ištanįń der Hosen aus Tuch hat.

nul Hochwasser (in den Flüssen), Ueberschwemmung.

ńūl, s. ńōl.

ńula gegenseitig, gegen einander; nerlem kat sörįm jux ńula
    ich reibe zwei trockene Hölzer gegen einander.

    ńul-vellem einander schlagen, sich schlagen.

ńulak-pun, ńelax-pun Flaum, Flaumfedern.

ńūlįm, s. ńōlįm.

ńullem sich reuen.

ńulmįń, s. ńalmįń.

num das Obere, der obere Theil, Gipfel; Himmel; der obere
    Lauf eines Flusses (besonders Ob's); Süden.

    num-xo Mann aus der Gegend des oberen Laufes eines
        Flusses.

    num-xoleut Südosten.

num-kev-ōli̱n (Obd.) Südwesten.

num-rū Luft.

num-tai, -tī̱ Spitze, Gipfel, Wipfel.

num-töri̱m, num-tūrum Himmel.

num-vät Südwind.

numi̱lmaṭem, s. nomi̱lmaṭem.

nūmi̱slem, s. nōmislem.

numpa, numpi hoch, gross.

ńumri, s. ńomi̱r.

nupti̱ń langwierig, dauerhaft.

nur, s. asveśa-nur.

nur Missvergnügen, Missfall, Bosheit.

ńura ohne Ursache.

nuraśṭem sich ärgern, böse sein, böse werden.

nuratṭem, nuralaṭem bedrücken, verfolgen.

ńūri̱m, s. ńōri̱m.

nuri̱ń boshaft, tückisch.

> nuri̱ń-xo Feind, Gegner.

> nuri̱ṷ-voi Natter.

nuri̱tlem Rache nehmen, rächen.

nūša, nuša Bedürfniss, Dürftigkeit, Armuth; auch dürftig, arm. R. нужда.

nūšaiń arm, dürftig.

nūvi̱ń ästig.

O.

oba-taxta grobe Leinwand.

> oba-taxta-sax Frauenkleid im Sommer.

obi̱r-asi, obrasi, obrasi-iki Grossvater (Vaters Vater).

> obrasi-nem Beiname, Familienname.

ögaṭlem sich erbrechen.

ōġoṭ Schlitten (für Rennthiere) oder Narte.

> ōġoṭ-kur Ständer (in dem Rennthierschlitten).

> ōġoṭ-oṫ Kufe (in demselben).

> ōġoṭ-pata Schlittenboden.

> ōġoṭ-pisa Querbalken zwischen den Ständern (in dem Rennthierschlitten).

oġollem (Obd.) sich hinablassen, hinabsteigen.

ox, ux Kopf; ox ponlem sich verbeugen.

> ox-xo Häuptling, Oberhaupt.

ox-kel (Kopf-Strick) Zaum.

ox-lū Schädel.

ox-pōp, -pūp Oberpriester.

ox-pōtlań, s. pōtlań.

ox-vēlịm (Kopf-Mark) Gehirn.

ox, s. vox.

ox-pōġol (Obd.) Geldhaufen.

oxịń mit Kopf versehen; vornehmst, Haupt-.

oxịń jintịp Stecknadel.

oxsar, s. voxsar.

oxšam grosses Kopftuch, Shawl.

oxti, uxti das Obere, der obere Theil.

oi Glück; Gut.

oiań glücklich.

oiga, oïka Mann, Greis, Ehemann. Vergl. iki.

oila ohne Glück, unglücklich; oila panta l. panda mana (geh
einen unglücklichen Weg) sei verflucht!

oit, s. uit.

ola Vorspann; Pferde oder Ruderer um Reisende zu befördern.

olagun Fahrzeug, Schiff.

ōlịlalcm, ollem liegen, schlafen.

olịm (Obd.), s. ulịm.

ōlịm, ūlịm Schlaf; Traum. F. uni.

ōlịń Anfang, Ende, Schluss; der erste, der äusserste.

ōlịń-porana, ōlịūgaś vorher, ehemals.

ōlịńịś voraus, voran.

ōlịńtalem, ōlịńgịltalcm anfangen.

ōlịp Farbe.

ollem, s. ullem.

olmīlem träumen.

olmịń schläfrig.

olpas Sache; Eigenthum, Schatz.

olpịlem färben, malen.

olta-xịr Polster.

oltalem einschläfern.

ōltalcm, ńula ō. anlöthen, zusammenlöthen.

ōltịpsa Verlängerung.

omalịń erstaunlich, sonderbar.

omīlem brüllen. F. ammun, ammoa.

ōmịslem sich setzen; sitzen.

ōmịsta-pasan Schemel zum Sitzen.

ōmịsta-sŏġol Brett zum Sitzen, Ruderbank.

ōmịsta-ulas Bank.

omịt Balbahn.

ōmịtlem, ōmịtlīlem setzen, stellen, bauen, anlegen; lant o. säen.

omlịp Eisloch, Wuhne. Vergl. umlem.

omsịltalem, omsịptalem niedersetzen, pflanzen.

omsịm Setzen, Einsetzung.

omsịm-tāś Erbgut, Erbschaft.

omsịṅ, .s. umsịṅ.

ondịr, s. vondịr.

ondịr (Obd.) Magen.

ondịr-vai (Obd.) Eingeweidewurm.

oṅtas Hülfe, Ersatz, Vergeltung.

oṅtastalem, oṅtastīlem helfen, vergelten, (einem etwas) leihen.

ōntịp die an einer Stange hängende Wiege.

ōntịp-iki Schwiegervater (Vater der Frau).

ōntịp-imi Schwiegermutter (Mutter der Frau).

ōntlśalem, s. ūntlśalem.

ōntltalem, s. ūntltalem.

ontpịṅ Adj. von ōntịp; o. ṅauram Wiegenkind.

oṅx Loch, Grube, Höhle.

ōṅx, ūṅx Harz.

oṅịt Horn.

oṅti, uṅti Spiess.

oṅti-lū Rippe.

oṅtịṅ gehörnt; hörnern.

ōpi Schwester (ältere); Tante (Schwester des Vaters).

ōpịt, s. ūpịt.

ōpịt-xul Scheitel (der Haare).

or, ur Kieferwald. Syrj. vör.

or-kalaṅ (Obd.) wildes Rennthier.

or-meṅk Waldteufel.

or-ošni schwarzer Bär.

or, s. jorrịn.

or-mū (Samojeden-Land) Tundre.

ōri Hündin.

oritillem brummen (wie ein Bär).

ōrịm mager.

orịmlem reissen, platzen.

oritlem zerreissen.

orkasiń stolz, hochmüthig.

orkaślem stolz sein, sich brüsten.

orkaśta-xo der sich brüstet, stolz.

oršin Arschine (russische Elle). R. аршинъ.

oršintlem mit dem Arschinenmasse messen, messen.

ort, s. urt.

ort, ort-xo Sklave.

ort-nē Sklavin; Schwägerin (Schwester des Mannes).

ōrti Onkel (Bruder der Mutter).

ortlem, ortįlilem theilen, zertheilen; entzweien.

oś Zaun.

ōsįm Kissen.

ōsįm-xįr (Kissen-Sack) Kissenüberzug.

oślem (Obd.) finden, wissen, kennen.

ośmar Scherz, Spass.

oš, os Schaf.

oš-pōšįx Lamm.

ōšilem gähnen.

ōsįmlem schaben.

ošni, ošne, ošni-oika, ošne-ika, -iki Bär. F. ohto. Syrj. oš.

ōt, ūt Steuer, Abgabe, Jasák (Steuer in Fellen der Pelzthiere). Syrj. vot. F. veto, vero.

ōt-pora (Zeit der Steuer) Jahrmarkt.

oţam dumm, verrückt; wild (von den Rennthieren).

oţam-lampa thöricht, närrisch.

ou, ov, ovi Thür, Mündung (eines Flusses); Strom, Strömung (in einem Flusse).

ou-xāp Schwelle.

ou-jelpi, -jelpįl die Stelle vor der Thür.

ou-jilpa Hof.

ou-luńk Griff an der Thür.

oulax Anas glacialis.

oulem fliessen, strömen.

ouń, ovįń reissend, schnell, heftig.

ous der untere Lauf eines Flusses; Nord.

ous-keu Nordwesten.

ous-vāt Nordwind.

ovįmtlem schwellen.

P.

pa anderer; und; auch; noch; wieder; pa mū fremdes Land.

pa-xōrpi von anderem Aussehen.

pa-lampa von anderer Art, anderweitig.

pa-mū-pōl̩in (Nessel oder Hanf fremden Landes) Flachs.

pa-sir andere Sitte; andere Gegend; anderer, fremder.

pa-uśa! Gruss bei den obdorskischen Ostjaken; heisst in den anderen Dialekten uśa (s. diess) und viśa, im Wogulischen wieder pasia.

pāġil̩-kāvi̩r Hammer.

pāġil̩lem, pai̩llem hämmern, schmieden.

pai Haufen; Wolke; Gewitter.

    pai-n̓ol (Gewitter-Pfeil) Donnerkeil.

pail kleiner Erdhaufen.

paila, paili eben, glatt; gerade.

pailaltlem, pailaltil̩cm (frequ.) ebnen, glätten.

pai̩llem, s. pāġil̩lem.

    pai̩lta-an̓ki̩l (hämmern-Klotz) Amboss.

    pai̩lta-xo (hämmern-Mann) Schmied.

pai̩rt Bauholz, Balken.

pai̩tlem, pāġi̩tlem, pajitlcm. paitlem zu Boden werfen, fallen lassen; verlieren; aikol p. Anzeige machen, benachrichtigen; sēm p. einen Blick werfen, anblicken; jāsi̩n̓ p. ein Wort oder ein wenig sprechen; sēma p. gebären, erzeugen.

    pai̩tta-xār Dreschplatz.

pāki̩mtlem schrecken.

pāki̩nlem erschrecken.

pāki̩t ein Haufen oder Schwarm wilder Enten oder Gänse; Heerde.

pakni̩ptalem schrecken.

pal Ohr; Oehr (an einem Geschirr). Syrj. pel̓. F. pieli.

    pal-korti, -lak, -nōr Ohrring.

    pal-pūn̓gi̩l Kinnbacken.

    pal-si̩ (Ohr-Stimme) Gerücht.

pāl hoch.

palastir Pflaster. R. пластырь.

pālat Höhe, Grösse.

pāli̩n̓ Gewitter, Gewitterwolke.

    pāli̩n̓-n̓ol Donnerkeil.

palla (ohne Ohren) taub.

pallem, patlem fürchten. F. pelkään.

pällem braten. F. paistan.

paltamalem (Obd.) anfangen zu fürchten, erschrecken.

paltap Furcht, Schrecken.

paltapiń furchtbar, gefährlich.

paltapśalem, pattamalem erschrecken, in Furcht gerathen.

paltaptalcm, paltaptilcm (frequ.) drohen, einschüchtern.

paltaptatat Scheuche.

pam Hitze; heisser Dampf (in einer Badestube).

pamiń heiss.

pāmitlem, pāmitalem, pāmtalem zeigen, verordnen, befehlen.

pamtipsa Gebot, Geheiss.

pan Sandbank oder untiefe Stelle an einem Flusse, wo der Fischfang reichlich ist. (R. песокъ.)

>pan-nē Quappe (lota vulgaris).

pant Spur, Weg.

>pant-xo Reisegefährte.

>pant-nepēk (Weg-Dokument) Pass zur Reise mit der Post. (R. подорожная.)

>pant-pāmtata-xo (Weg-zeigen-Mann) Wegweiser, Führer.

>pant-pos-jux (Weg-Zeichen-Holz) Wegstange (im Winter auf dem Eise).

pań Daumen.

pańgi, pańńa Knäuel.

pańgilem aufwinden.

pańgil-kcl Lenkseil.

para, s. pora.

paralalem sich herumtreibon, herumirren.

parīlem ausgehen (von den Haaren eines Pelzes), geschüttet werden.

pārilem sich baden. R. париться.

parilīlem (Obd.) ein Gastmahl feiern, schmausen.

pāritlem (jemand) baden. R. парить.

paris Vortheil, Gewinn. R. барышъ.

pāriṣ, pārjš Segel. R. парусъ.

>pārjṣ-ankil (Segel-Stamm) Mast.

parkaššik Handlungsdiener. R. прикащикъ.

parkatlem abschütteln.

parńatlem bestäuben.

parpiń bitter, herbe; streng, grausam, wüthend.

parśaga Eid. R. присяга.

partal-ux (Quartal-Haupt) Polizeibeamter. R. квартальный.

partān, partanna-mijimat Mitgift, Aussteuer. R. приданое.

parta-ou Rückstrom.

parta-pēlak linke Seite; linker Seite.

parta-sēm schieläugig, schielend.

partlem erlauben, befehlen; tōrjm partjs (Gott hat es erlaubt) Gott sei Dank!

pasālim Tod.

pasällem, pasālalem (Obd.) sterben.

pasan Schemel, Tisch. Syrj. pyzan.

    pasan-laṅgjp Tischtuch.

paśar Beere der Eberesche.

    paśar-jux Eberesche. F. pihlaja.

paśertlem drücken.

paślaltlem derbe schlagen.

pasox verrückt, wahnsinnig.

pastēk Tetrao bonasia.

pasta, pasti scharf. F. pystyn. L. pastel.

pata, pati Boden; Fusssohle; Schlittenkufe; auch Schlitten- boden.

patarox, pater-vox, patrux Kupfer.

    patarox-vox Kupfermünze.

patjmtlem taugen (?).

paćka Priester. R. батька.

patlalam finster oder dunkel werden.

patlam, patlem finster; Finsterniss; die Hölle.

    patlam-xōt Gefängniss.

patlaptalem jemand aufhalten oder hindern bis zum Dunkel- werden.

pautsalem sich entfernen.

pälnä, s. peljṅṅa.

pältalem, pältjlīlem tauschen, vertauschen.

pältaślem getauscht oder vertauscht werden.

pejl-xōt, pevjl-xōt Badestube.

pejlịptalem (jemand) baden, schmimmen lassen.

pejllem, pevjllem baden, schwimmmen.

pēl Seite. F. puoli. L. bœlle.

pēlak, pēlek, pälek Seite; die Hälfte (der Länge nach); das eine von zweien paarweise vorkommenden Dingen.

peljṅṅa Mücke.

peljńńa-pūsįń (Mückenrauch), Feuer, dessen Rauch zur Abwehr gegen die Mücken dient.

pĕljp Stachel, Dorn.

pelpjń-vanḍi (dorniges Gras) Klette; Distel.

pēltalem, pēltlem spalten, zerhauen; wechseln (Geld).

pender, peńser Zaubertrommel.

penśer-ńal der mit einem Pfotenfell überzogene Zaubertrommelschlägel.

peńk Zahn. Mordv. pei. Vergl. F. pii. Syrj. piń.

peńk-ńoǵa Zahnfleisch.

peńk-voi (Zahn-Thier) Wallross.

perkat Schleifstein.

perna Kreuz; pernan ponlem sich kreuzen, beten. Syrj. perna.

perna-ańki Taufmutter.

perna-asi Taufvater.

perna-posjń gekreuzt; perna-posjńa kreuzweise; p. voxsar Kreuzfuchs.

pernaja-lońgįlljm, s. lońgiltalem.

pernaja-lońgim Taufe.

pernala (ohne Kreuz) Heide; heidnisch.

pernań, pernaiń zum Kreuz gehörig; p. xo Christ.

pertlem wenden, drehen.

peś Hüfte.

peś-pūńgil Schenkel.

pēš, pēsi (Obd.) Kalb des Rennthieres; auch Stange oder Halter zum Einstecken brennender Kienspäne.

piľ, piľt, pilot ein zwischen zwei Stangen ausgespanntes Netz um fliegende Enten zu fangen; s. kalt. (R. перевѣсъ.)

piľt-vańkrip eiserner Haken auf den genannten Stangen, worauf der Strick, mit dem das Netz aufgezogen wird, läuft.

pil Gesellschaft, Gefolge; Gesellschafter, Freund.

pil-xo Gefährte.

pila Säge. R. пила.

pilitlem sägen.

pilįń mitseiend, Gefährte.

pillem, piltīlem zusammenpaaren, verbinden, vereinigen.

piri Anas querquedula.

pirijjm Wahl.

pirīlem, piriļalem wählen, aussuchen; ausspähen, erforschen; pirīmam vilem auslesend suchen oder nehmen.

pīrim, s. pūrịm.

pirmịǹ, Adj. von pīrim; von Bremsen durchfressen oder durch-
stochen (Rennthierhaut).

piś Wunder.

piśan Coregonus polkur (s. por-xuĺ). Die Russen haben die
ostjakische Benennung in der Gestalt пыжьянъ angenommen.

pisịǹ wunderbar.

pita, piti, puti, pudi schwarz; blau.

    piti-xōrpa, -xōrpi blau; dunkel; bräunlich.

    piti-luk Tetrao urogallus.

    piti-rịx Vaccinium myrtillus.

pitar Rand, Saum, Ufer; Gegend.

pitịm Fall; Eintreten, Beginn, Anfang.

pītịm aufgeschwollen.

pitlem fallen, sinken; eintreten, anfangen, beginnen; zufallen,
zu Theil werden; verta p. anfangen zu arbeiten; sĕma
p. geboren werden; nomsela ant pitịs es gefiel ihm nicht.

pītlem aufschwellen.

pitśa Leihen, Anlehen.

pịġa-pēlek die linke Seite.

pịjirlem mit einem Hohlbeil aushöhlen.

pịra Anas crecca.

pīrịs alt.

pịrsamalajem altern, alt werden.

pịrśamalem anfangen zu altern.

pịrseptalem altern lassen, alt machen.

podali Stückchen.

pōgor, pūgor Insel.

poġel, poġox Rumpf.

pōġol Knopf; Klumpen; Geschwulst; Busen; Ansiedelung,
Dorf.

pōġollem, pōġolmalem (mom.) stossen.

pōġonlem untergehen (von der Sonne); bersten.

poġoptalem schiessen.

pox Sohn.

    pox-laǹ, -leǹ Stiefsohn.

poxlịp (kleiner) Knopf.

poxnemalem bersten, platzen.

poxnịm-taġa Riss, Spalte.

pōjek Bitte.

poiklem, poikśalcm, poikśamalem bitten, flehen.

poikśata-xōt Gebethaus.

poitēk Lagopus alba. Syrj. baidōg.

pol, pot Fischwehr, quer über einen kleineren Flussarm gebaut. F. pato.

polga Vortheil, Nutzen. R. (alt) польга. Vergl. F. palkka.

pōljs Klätscherei, Geklatsch.

polox Staub, Kehricht, Schmutz.

polsjń Speichel, Rotz.

polsjń-xūl (Rotz-Husten) Schnupfen.

poltalem, poltlem blasen, anblasen, aufblasen. F. puhun, puhallan.

poltilem (frequ.) einblasen, einhauchen.

poltmalcm (mom.) einmal blasen, hauchen.

pōljn Brennnessel; Hanf.

pōmasibo Dank, grossen Dank! Vielleicht ist das Wort eine Radebrechung von den russischen Wörtern божія мать спасибо; merkwürdiger Weise kommt ein ganz gleiches Wort mit derselben Bedeutung im Wotischen vor (siehe meine Grammatik über diese Sprache). Auch im Syrjänischen: pomōsibō habe Dank.

pon Geruch, Gestank.

pon ein 1 Quartier breites Saumgebräme an der Malitza (s. molsań) von weissem, langhaarigem Hundsfell. Die entsprechende russische Benennung панда entstammt wahrscheinlich dem ostjakischen Worte.

pon, s. pun.

pona Saite.

ponamlem (Obd.) Inchoativ von ponlem.

ponar Leuchter. R. фонарь.

pondilem, pondantlem rauben, plündern.

ponīlem (frequ.), ponimalem (mom., inchoat.) furzen.

ponjlalem einstecken.

ponlem stellen, setzen legen; ox p. sich verbeugen; öt, ūt p. den Jasak zahlen; pernan p. sich kreuzen, beten; poškan p. ein Gewehr laden; ponjm poškan eine geladene Flinte.

ponllalem zwirnen.

ponśalem sich stützen.

poṅgaś Erbse, Erbsen.

poṅgjm-lū Schulterblatt.

poṅgipsa Geschwür.

poṅx Schwamm; Fliegenschwamm.

poṅxrās Klette; Distel (?).

pōp, pūp Priester. R. попъ.

    pōp-ima Priesterfrau.

    pōp-ox-xo (Priester-Haupt-Mann) Erzpriester.

por Bohrer. R. буръ.

por Zimmerfloss, Holzfloss.

pora, para Zeit, gute oder gelegene Zeit. R. пора.

pordon, portun Arznei, Gift. Samojedisch.

poremalcm anbeissen.

poreś Mähne.

porgon, porgon-vox das Geld für die Postpferde. R. прогоны.

porxa, parxa Pelz von leichten und dünnen Rennthierfellen.
    Die russische Benennung парка scheint diesem ostjaki-
    schen Worte zu entstammen.

por-xuł Coregonus polkur.

pori unblutiges Opfer; Gastmahl.

pōrim, s. pūrim.

pōrinlem, s. pūrimlem.

pōrintlalem, s. pūrimlem.

pōrix das dicke Ende (eines Baumstammes).

pōriş, pūriş Schwein. R. порос-ёнокъ Ferkel.

    pōriş-pōšix Ferkel.

poritlcm bohren.

porlem beissen, nagen. F. puren.

    porta-voi, por-voi, s. vili-porta-voi.

porli Schlägel; Eishacke.

pōrlilem, porlalem fliegen.

pormas Waffe.

pormim-taǵa Spur.

porśantlem bissig sein; einander beissen.

portun, s. pordon.

pos Zeichen, Ziel; Zeichen, womit die Rennthiere gemerkt
    sind. Syrj. pas.

    pos-jux, s. pant-pos-jux.

    pos-ńol Pfeil mit eiserner Spitze.

poś Koth, Dreck. F. pas-ka.

pōs lederner Fausthandschuh.

pōś Rand.

posalalem sterben. Vergl. pasällem.

posalim, s. pasālim.

posar Markt. R. базаръ.

pŏsatipsa Zerstreuen.

pŏsatlem zerstreuen, verschwenden, vergeuden.

posi (Obd.) Schweif, Schwanz.

posil, posl Seitenarm eines Flusses.

pŏsilem tropfen; triefen.

pŏsim Reif, Tropfen.

pŏsimtlem tropfen lassen, tröpfeln.

poslem waschen. F. pesen.

poslem, puslem schnäuzen; melken. F. pus-ertaa.

poślem seine Nothdurft verrichten.

posmalem einmal tropfen.

posmek Schnellwage. R. безмепъ.

    posmek-podali Gewicht (der Wage).

posmeklalem mit der Schnellwage wägen.

posmes Tropfen.

postalem mit Zeichen versehen, bezeichnen, stempeln.

pošxantlem kalben, Junge werfen.

pŏšix, pŏdex Eier; junges Thier; Kind.

pošilajem durchnässt werden.

pošiltalem feuchten, benetzen; durchnässen.

pošim, podim durch und durch nass.

poškan, puškan Büchse, Flinte. R. пышъ, пышаль (alt.).
    пушка.

    poškan-jux Büchsenschaft.

    poškan-lipi, -oňx (Büchse-Inneres, -Höhle) Büchsenröhre.

    poškan-ňol (Büchse-Pfeil) Flintenkugel; auch Hagel (zum
        Schiessen).

    poškan-ou (Büchse-Thür) die Mündung der Büchse.

    poškan-šoit (Büchse-Ruthe) Ladestock.

pošlem nass werden.

pot, put Pud (russisches Gewicht). R. пудъ.

    pot-jux (Pud-Holz) Schnellwage.

pŏtar Gespräch, Rede, Reden.

potaritlajem beschenkt werden, ein Geschenk erhalten. R.
    подарить.

pŏtarlem, pŏtartalem sprechen.

    pŏtarta-xo Schwätzer, Plauderer.

poťasa Schreiber. R. подьячій (alt.).

pŏtemalem gefrieren; pŏtim gefroren, kalt.

    pŏtim-sĕm (gefrornes Krümchen) Hagel.

pōt̬ip stumpfer Pfeil (um Eichhörnchen damit zu schiessen).

potkalem stossen.

pōtlajem frieren.

pōtlań, veš-p. Stirn, Vorderkopf, šaš-p. Nacken, Hinterkopf.

pōtlem frieren. F. pal-.

pōtltalem, pōtltīlem (frequ.) frieren machen oder lassen, abkühlen, erkälten.

pua-pēlak, s. pi̬ġa-pēlek.

pubi̬ (Obd.) Bär.

    pubi̬-ońx Lager (des Bären).

pudi, s. pita.

    pudi-ańen (schwarz-Hals) Fuchs mit grauer Brust.

    pudi-lēbek blauer Eisfuchs (canis lagopus, R. синякъ).

pūgor, s. pōgor.

pūġol, s. pōġol.

pūġoli̬n in dem Busen.

pūġospa der Busen; der Busentheil der Bekleidung.

pūġollem meisseln, aushöhlen.

pūġolmalem einstecken, durchstecken.

puxotlem lügen, Unsinn sprechen.

puxotśalem sich verwickeln.

puxrem Schneesturm.

puxti̬m Wange. F. pos-ki.

pui das dicke Ende (eines Baumes); der Hintere. Vergl. F.
    puo, Weps. po.

puka Kropf (der Vögel); Blase.

pūki̬n Nabel.

    pūki̬n-ańki (Nabel-Mutter) Hebamme.

pūki̬t Sache, Ding.

pul Bissen. F. pala.

pula Fischeingeweide.

pulań, pulan gerade, recht; p. jošna mit eigener Hand; juš
    oxtina ulten pulań während du auf dem Wege bist.

pulemīlem schmecken, kosten.

pūli̬p Heustöpsel, womit der Rauchfang der Winterjurten zugestopft wird; auch Spund.

    pūli̬p-vi̬s ein solcher Rauchfang.

pullin-āvi̬t-voš Obdorsk. (Pullin oder Pul-jogan der kleine
    Fluss Polui; s. āvi̬t.)

pum Gras, Heu.

    pum-xār (Heu-Platz) gemähte Stelle.

pum-sevirta-karti (Gras-schneiden-Eisen) Sense.

pum-verta-taġa (Heu-machen-Stelle) Wiese.

pun, pon Fischreuse, aus Weide geflochten.

pun Thierhaar; Wolle; Feder.

punjñ haarig, zottig.

punjñ-sax (haarig-Kleid) Winterkleid (der Weiber).

punjñ-tās Pelzwaare.

pundaślem sich eröffnen.

pundlem, punšlem, s. puślem.

punšilem rechen; wegnehmen.

punt, pont Pfund. R. фунтъ.

pūṅgil, puṅgil Seite; puṅla weg, fort.

pūṅgil-aṅki Stiefmutter.

pūṅgil-asi Stiefvater.

pūṅgil-kel (Seite-Strick) Zügel.

pūp, s. pōp.

purāś Lüge; Verleumdung.

purāślem lügen, verleumden.

purīlem, purīlilem, s. pirīlem.

pūrim Bremse. F. paarma.

pūrim Schritt; vergl. kurim.

pūrimlem, pōrimlem, purinlem schreiten, treten, stampfen.

pūris, s. pōris.

pūris-pākit und

purset-pākit Schweineheerde.

pūrlilem und pūrutlem, s. pōrlilem.

pursiñ-voi Spinne.

pūserlem drücken, pressen, kneten. F. puser-ran.

pūsiñ Rauch.

pūsiñtlem räuchern.

puslem, s. poslem.

puślem können.

pustalem Schade oder Verlust verursachen.

pustam Verlust, Schade.

puš Faden; Mal; ī puš ein Mal.

pušas Viehweide.

pušim Eröffnung.

puškan, s. poškan.

pušlem öffnen, eröffnen.

puš-nem Beiname.

pudi, s. pita.

put Kessel.

    put-levi (Kessel-Diener) auch put-jux (Kessel-Holz) schräge in die Erde eingesteckte Stange, worauf der Kessel hängt, wenn man im Freien kocht.

    put-jux-pŏšix (Sohn der Kesselstange) Pflock od. Stütze, worauf die Kesselstange ruht.

    put-pat-ńań (Kessel-Boden-Brod) Pfannkuchen.

putja rosmarus arcticus.

pü, puv Geschwulst, Nadelöhr.

pūlalem aufschwellen.

puvasiń trächtig.

R.

ragi lieb. F. rak-as.

ragilśalem, sāmna r. verliebt werden.

ragim, raxim verwandt.

ragipsa Liebe.

raxlem taugen, erlaubt sein, gehören.

    raxta-xo, -ne Verwandter, Verwandte.

rakinlem zu sich kommen, erwachen.

rańgitlem wälzen, rollen.

raś Felis lynx.

rasaltlem sprengen, spritzen.

rat Herd, Feuerherd.

    rat-xis Asche.

rav fein, klein; Stückchen.

ravulalem vermindert werden, abnehmen.

ren Festigkeit.

renīlem spritzen, bespritzen.

renjń fest, stark.

rēp Hügel.

rēpiń hügelig, bergig.

revilem (frequ.), revemalem (mom., inchoat.) schütteln, rütteln; schwingen, winken.

revitlem schütteln, bewegen.

rix, rex Beere; auch Vaccinium vitis idæa.

rilem (Obd.) ausspringen, herausspringen, herausspritzen.

ringim Nebel; Dunkel, Dämmerung.

ringimlem dämmern.

rōgip Trug, Lüge.

rōgip-jāsiń (Lüge-Rede) Lüge.

rōgip-vešpa-xo (Lüge- mit Gesicht versehener-Mann) Heuchler.

rōgip-vox (Lüge-Geld) falsche Münze.

rōxańtem, rōxańtatem, roxnematem (mom.) einstürzen.

roxnjmtlem einstürzen machen, niederreissen.

roxpitem lügen.

roxpiń lügenhaft, hinterlistig.

roxpjtalem einen im Verdacht haben.

roxpjtlajem verdächtig sein oder werden.

rokottem schneiden, zuschneiden.

rōm sanft, sanftmüthig.

romamtem sanft oder ruhig werden, sich beruhigen.

rōmjltatem sänftigen, bezähmen.

rōnatlem verzögern, aufhalten, hindern.

rōnjń langsam, saumselig.

rōntem zögern, zaudern.

rōnśatem währen, dauern.

ropitlem, rupitlem arbeiten. R. работать, in der Volkssprache häufig робить.

ropota Arbeit. R. работа.

ropsattem klatschen; schwatzen.

rovjń trübe.

rū, ruv Hitze; Stärke, Kraft. Syrj. ru.

rua, ruai steiles Ufer.

runt Ohrring; Dual. runńen.

runt-taita-vjs (Ohrring-halten-Loch) Loch in dem Ohrläppchen.

rūń heiss; Hitze.

ruńxtem waten.

rupitlem, s. ropitlem.

ruś russisch; ruś-xo Plur. ruś-jax Russe.

ruś-pōs loser Fausthandschuh (nicht an die Pelzärmel festgenäht, wie der ostjakische pōs; s. d.).

ruś-tagar Teppich; s. tagar.

ruś-tevjtjm (russische Laus), -voi (russisches Thier) Wanze.

rut Stamm; Verwandter; Abkömmling. R. родъ.

rūt Nebel.

rūtlem, rūvjtlem aufrühren (das Wasser); mahlen (z. B. Salz); plaudern, lügen.

ruvematcm Albernheiten sprechen.

S.

säbịl Hals; Kragen. F. sepeli.

    säbịl-kär (Hals-Schale) Halsband, Halsschmuck.

śagil-voi Dohle.

śagịr Weide, Weideplatz. Vergl. śakar.

sax, sox Fell; Hemd, Kleid.

    sax-kūs (Hemd und Pelz) Kleider.

    sax-ńir (Hemd und Schuh) Kleider.

säxịs, saxsị Fett, Talg; Schmand, Butter.

śaxremalem anfangen zu knarren oder knirschen, knarren, knirschen.

saxsań, saxsịń fett.

sai still, ruhig.

sai, s. sī.

saigalalem munter werden, ernüchtern.

saigatalem, saigatlem ermuntern, nüchtern machen.

säjik munter, nüchtern.

sak Glaskorallen.

    saki-kär Halsband von Glaskorallen.

śäk Hammer.

sakalt-jux Weidenbaum.

śakar Weideplatz (der Rennthiere).

śakịr geizig, knauserig.

śaklem stürzen, sich stürzen.

śak-voi, ḍak-voi Anser ruficollis.

śälitśalem bedauern, Mitleid fühlen.

sälịń gekochte Speise.

śallem weinen; vergl. sellelem.

śallemalem anfangen zu weinen.

sām Herz. F. sydän, syömi.

samaśalem Lust haben, willig sein, (auf etwas) erpicht sein.

samị Rost.

samịlem rostig werden, verrosten.

samịltlem begraben, beerdigen.

sämịń willig, der Lust hat, Liebhaber (von etwas); sämịńa tailem lieb haben, lieben.

samịtlem rosten machen, rostig werden lassen.

sän Pilze, Schwamm. F. sieni.

śańgam, s. śońgam.

sańgan, sańgam, s. śańkan.

saṅgartlem braten.

saṅge, sage Marke oder Merkmal (der Rennthiere).

saṅgịp Spaten.

saṅxam, .s śoṅgam.

saṅkịm, s. šaṅkan.

saṅkrịm, s. śoṅgam.

sar Schaufel.

sara gleich, bald.

saraiṅ schnell, baldig.

saran syrjänisch; saran-xo Plur. saran-jax Syrjäne.

    saran-xaṅtās (syrjänisches Harz) Theer.

    saran-xul (syrjänischer Fisch) Salmo salar (des Petschora-
        Flusses).

    saranja-nempa mit syrjänischem Namen.

    saran-löp (syrjänisches Ruder) Steuerruder.

    saran-öṅx, s. saran-xaṅtās.

saranśa Heuschrecke. R. саранча.

śūres, śāras, śöres Meer. Syrj. sar.

    śāras-xonịṅ Meeresufer.

    śūres-lox Meerbusen, Bucht.

    śares-ošni (Meer-Bär) Eisbär.

    śūres-voi (Meer-Thier) Wallfisch.

sarije kleine Schaufel.

śārịmtlem wehe thun, schmerzen.

śarkemalem, s. śaxrcmalem.

sarni, sarniṅ-ox (Obd.) Gold; vergl. sorni.

sās (Obd.), s. šānš.

sasamtlem ausstrecken.

śaślem gehört werden; lauten.

śatlem vorkommen, scheinen.

śat-śasa, sät-säsi Grossvater.

savilem (Obd.) hüten; vergl. šavilem.

sav-ne, savi-nē Elster.

säkijak Schwalbe.

sämịltịpsa Beerdigung.

sämịltlem beerdigen, bestatten. Vergl. samiltlem.

süplem saugen.

säsi-emi Grossmutter.

säsi-iki Grossvater.

süt-säsi-emi Urgrossmutter.

süt-säsi-iki Urgrossvater.

śebar-xuł Leuciscus.

scgiłem wiegen, schaukeln.

sei, sai, säi Sand. F. hie-ta.

sek Rolle (Strick u. dergl.).

sekirtīlem krümmen.

sekłem winden, drehen.

sēl, śēla rein, dünn, flüssig; Fett (Kond.).

  sēl-vox, śelox Silber.

sēla Schiesspulver. R. зслье (alt.).

selemałem winseln, heulen.

seliltīlem schluchzen.

selipsa Geheul, Geschrei.

sellełem, śallelem weinen, schreien (wie ein Fuchs).

selleů, śalleń weinerlich; Greiner.

selu Wehklagen.

sem, semi Same, Samenkorn. R. сѣмя.

sēm Auge; Krümchen; Tropfen; jert pitł un sēmna der Regen
  fällt in grossen Tropfen; sēma pitłem geboren werden.
  F. silmä. Syrj. sin.

  sēm-jiňk (Auge-Wasser) Thräne.

  sēm-jir (Auge-Seite) Schlaf, die Schläfe.

  sēm-kartet (Auge-Eisen) Brille.

  sēm-keu (Auge-Stein) Augenstern.

  sēm-kulim, -xulim Augenbraune. F. silmäkulma.

  sēm-lak (Auge-Ring) Augenlied.

  sēm-łāpes (Auge-Lappen) (auch sēm-tor) „Brille oder
    Augenschirm aus Pelz zum Schutze der Augen gegen
    Schneeblende im Frühjahr" (Finsch).

  sēm-pēlak das eine Auge; einäugig. F. silmäpuoli.

  sēma-pitim Geburt.

  sēma-pitim-taǵa Geburtsort.

  sēm-pun (Auge-Haar) Augenwimper.

  sēm-sil (Auge-Bräme) Augenwimper.

  sēm-tēl (Auge-voll) Tropfen.

sēmiň Adj. von sēm.

  sēmiň-lant (krümeliges Getreide) Grütze, Graupe.

  sēmiň-łońs (krümeliger Schnee) Hagel.

sēmła, sēmłi (ohne Augen) blind.

sēna, sēne, sēn Nisse.

seńs, sēs Bast.

seňxłem schlagen; stossen; stampfen; pichen; šankan s.

läuten; penśer s. auf die Zaubertrommel schlagen, zaubern.

scńxta-voi (picken-Thier) Specht.

scúkanśalcm sich schlagen.

seṅkililcm ein wenig und oft schlagen.

sēp Tasche. Syrj. zep.

ser öde, wūst, leer.

sēri, sīri Thürangel.

ser-kuš (leer-Hand) geizig.

seramtīlem sich wundern, erstaunen.

serịmlem, serịmtlem schüchtern werden; sich verwundern.

serịptalem erschrecken; schüchtern machen.

scrkan Fanggeräth für kleinere Thiere (Hermeline u. dergl.).
R. чиркапъ. Syrj. śorkan.

śerkcmalem, s. śarkemalem.

śerkemapsa Knirschen.

serkịp Hüftbein.

sermat, sermat-kel Zügel.

śertịń, śartịń Zauberer.

ścrtlcm, śartlem zaubern.

sēs Falle (um Thiere zu fangen).

sēs, s. seńs.

sēs-xịr Mattensack.

sēs-sox Matte.

seu, scv Haarflechte. Vergl. F. sää und säije.

scu-kel langes von der Haarflechte hängendes Band mit Glöckchen, Glaskorallen u. dergl.

seumsa Vaccinium myrtillus.

seuri Häring.

sēvis Hintertheil (eines Fahrzeuges), Hintersteven.

sēvis-xo Steuermann.

sēvis-lōp Steuerruder.

scvịr Kette.

sevịranta-keši (hauen-Messer) Schwert.

sevịrlem hauen; tōrịn s. Heu schlagen.

scvịrta-xo Mäher.

scvịrlīlem oft hauen oder schlagen.

sevịrmalem einmal hauen, anhauen.

sevlcm, sevịlem drehen, winden, flechten.

scvri Coregonus albula (Obd.).

sī Seite; sīja bei, hinbei.

sīġerlem knarren.

sijamat Gefälligkeit, Gnade.

sikijak, s. säkijak.

silovat, s. sijamat.

sīmel, simal, s. šimil.

simśar Mergus albellus.

simsek Ohrring. R. жемчугъ?

siṅka nüchtern.

siṅkatlem nüchtern werden.

sir Sitte, Gebrauch, Ordnung, Gesetz. Syrj. ser.

> sir-saġat-ulta (der Ordnung gemäss seiend) gesetzlich.

siri (alt, ehemalig?) vormals, ehemals.

sirinta Fliege; vergl. siriṅga.

sīrlem zaubern.

sirsam, sirsim, (von siri alt und asi Vater, aśem mein Vater?)

> sirsim-pūp Mönch.

> sirsim-xōt Zelle (eines Klosters).

> sirsim-ox-xo (Mönch-Haupt-Mann) Abt.

sirti-xo, s. śertiṅ.

siska, siski kleinerer Vogel; Sperling.

> siski-mū-rix (Vogel-Erde-Beere) Rubus idæus (Kond.).

> siski-rix Rubus arcticus (Ber.).

> siski-vol Fragaria vesca (Kond.).

sis-kurek, s. süs-kurek.

> sis-kurek-pōšix Küchlein.

sistam rein. R. чистый. Syrj. söstöm.

> sistam-sämpa reinherzig.

sistamlem, sistamtlem, sistamtalem reinigen.

sistamśalem, sistamtilem sich reinigen, gereinigt werden.

sistip Schabeisen.

sitak still, stille.

siu (Obd.) Nebel.

sī Geräusch, Laut, Stimme, Ruf; Ruhm. Syrj. šy.

sixalem aufwinden.

sīxarlem knarren. Vergl. siġerlem.

sīxartlem knarren machen oder lassen.

sījaltlem, sīmaltlem, sīmiltalem wiederhallen lassen; bekannt machen, verkündigen, predigen; preisen, ehren; (Verlobte) aufbieten.

sījiṅ, sīṅ laut, lärmend, geräuschvoll; sījiṅa laut, mit lauter Stimme.

sįl Bräme, Rand; Eisrinde (am Ufer); Ufer.

sįmal, s. sīmel.

sīmįltįpsa Ruhm.

sįmri Barsch.

sįńk Anas nigra.

sįp Galle. F. sappi. Syrj. sep.

sįra einjährige Rennthierkuh. (Samojedisch.)

sįrįnga Wespe.

sįs-nūbįt Vorzeit.

sįtlcm erwerben, verdienen.

sįus Adler.

sįv, sū Stock, Stab; Stange, womit die Rennthiere beim Fahren
gelenkt werden. F. sauva.

soġa, soka (Obd., Ber.) Lagopus alba.

śoġal, s. śońxal.

soġaślem (Obd.) arm werden, verarmen.

soġatlem (Obd.) kränken, beleidigen.

soġlantlem (Obd.) trübe machen.

sōġol Brett.

soġomtįm Bezahlung.

soġomtlcm, s. soġoptalem.

sōġon Ende.

sōġonlem, sōġonśalem und

sōġonlcm sich losreissen, sich befreien; sich endigen, aufhören.

soġoptalem bezahlen.

soġoptata-xo Bezahler; zinspflichtig.

soġoptantīlem nach und nach abzahlen.

śogor Coregonus lavaretus. Der russische Name щокуръ ist
dem Ostjakischen entlehnt.

śōgot schwer.

sōgotlem rupfen, pflücken.

sox, sux Stör (accipenser sturio).

sox, s. sax.

soxnalīlem befreien, retten.

soxnįm beendigt, vergangen.

soxnįptalem beendigen.

soxta, soxti Lehm.

soxta-put (Lehmkessel) Topf.

śoxtalalem beschweren, belästigen, mit Last versehen.

soi Taucher (Vogel).

soipīlcm mit Zugnetz fischen.

sōit, šōit, -vox Rubel. Syrj. šait.

sojim, sojim-śur Bach.

sojim-xįbįl Lager (der wilden Thiere).

sōjip Zugnetz.

sol, sola Salz. R. соль.

    sol-jiṅk Salzlake.

    sol-lipi Salzfass.

    sola-seṅxta-kara Mörsér, worin Salz gestossen wird.

sŏl, sūl Darm. F. suoli. Syrj. śul.

solailem bugsiren.

solalalem, solaślem salzen.

solaṅ, solįṅ salzig, gesalzen; s. aṅkįl Salzsäule.

sol-xōt Hütte aus Zweigen.

sōllem fett werden.

sōlox Wasser, mit Schnee gemengt.

sōm Schuppe; Kruste. F. suomu. Syrj. śōm.

sōmįl-jux, s. šumlįṅ-jux.

sōmotlem kleiden, anziehen. Vergl. lōmįtlem.

sōmotlilem, sōmitśalem (Obd.) sich kleiden.

sōmotta-sax, sōmįtta-sax Kleider.

śoṅgam Berg, Hügel.

soṅgįp, soṅkep Stab.

śoṅxal, śoġal kaminartiger Herd in den Winterjurten. Die Russen haben sich dieses Wort in der Gestalt чувалъ angeeignet.

    śoṅxal-ou Rauchfang der Jurte.

    śoṅxal-pūlįp, s. pūlįp.

śoṅk, s, śoṅgam.

soṅkep, s. soṅgįp.

sopa, śopa Schmutz, Unreinlichkeit.

sopek Stiefel. R. сапогъ.

sopįltlem beschmieren, beschmutzen.

soppi, s. šup, šuppi.

sopra (Kond.) Frosch.

sor Zukost (zum Brode, wie Fett, Fisch, Fischsuppe u. dergl.).

śorās-xo Kaufmann.

śorāslalem Handel treiben.

soratlem mischen, vermengen.

sōres Spanne.

śōres, s. śāres.

sori Larus.

sorix Coregonus vimba, welche die Russen mit dem ostjakischen Namen сырокъ nennen.

sorim Tod. F. surma.

sōrim trocken; seicht, untief, seichte Stelle, Sandbank; dick
(von Brei u. dergl.).

sōrim-sāxis (trockenes oder dickes Fett) Gericht von
aufgeschmolzenem und geronnenem Fischfett (russisch
варка genannt).

śorkan Falle (um Hermeline zu fangen). Das Wort ist in
der Gestalt черкапъ oder чиркапъ in's Russische einge-
kommen. Vergl. serkan.

sōrlem trocken werden, trocknen.

sormiń todt, leblos.

sorni Gold.

sōrt Hecht.

sortalalem Noth leiden, arm sein.

sōrtalem, sōrtlem trocknen lassen, trocken machen.

sōrtilīlem oft trocknen lassen.

sōrtlem, s. sōrtalem.

sōrtni, sūrtni Rübe. Syrj. śortni.

sōrtni-xār Rübegarten, Küchengarten.

sos Hermelin (mustela erminea).

śos Stunde, Weile, Augenblick. R. часъ.

sosim trocken, vertrocknet; fest, stark.

soslem trocken werden.

soslem (Obd.), s. šošlem.

sostalem trocken machen.

sosmalem (Obd.) anfangen zu steigen oder schreiten.

sot (Obd.) Kraft.

sōtamat Grütze.

sōtip Scheide. F. tuppi.

sotnik Hauptmann (über 100). R. сотникъ.

śotsilem ausruhen, sich erholen.

śotsipsa Ruhe, Ausruhen.

sour, šour Hase.

sous Korb.

sova Niere (?).

sovantalem reizen, aufbringen.

sovaslem, soveslem eifersüchtig sein.

sovlantlem ringen.

sovi Gebrauch.

sū, s. ṣịv.

sud Gericht. R. судъ.

    sud-xo (Gericht-Mann) obrigkeitliche Person.

    sud-kātlta-xo (Gericht-halten-Mann) Richter.

    sud-nēpäk (Gericht-Buch) Gesetz.

    sud-sir (Gericht-Ordnung) Gesetz.

    sud-verta-xatl (Gericht-machen-Tag) der jüngste Tag.

suditlcm richten. R. судить.

sūġịm, sūġom Zwirn, Garn; Fischreuse aus Zwirn.

    sūġom-lak Weife, Strähne.

    sūġom-ńol Spindel.

sūġomlcm im Galopp rennen.

suġotlcm rupfen, abpflücken; abschälen.

sux, s. sox.

suxni Fussbekleidung im Winter.

suju (Obd.) Kalb des Rennthieres. (Samojedisch).

śukar (Kond.) Wallach.

sukman dickes, graues Tuch. Vergl. türk. ṭekmcn (Vámbéry).

śuksim Sorge, Besorgniss. Syrj. šog.

śuksīlem, śuksịmalem besorgt sein, sich bekümmern.

ṣul Knopf.

sūl, s. sōl.

sulama Quecksilbersublimat. R. сулема.

śūlịlem (frequ.), śūlemalem (mom.) glänzen, schimmern.

śūltịm Funke.

sūmịt-jux, suńńịt-jux Birke.

sūmịt-voš, suńńịt-voš die Stadt Beresov.

sumpa, sumpi unnütz, unnütze Sache, Kleinigkeit; Lüge;
    s. jastelīlem schwätzen, lügen.

    sump-xo unnützer Mensch, Taugenichts.

sūmtịptalem bekleiden. Vergl. sōmotlem.

sūmtịptīlśalem sich kleiden.

śun, s. stin.

suń Ecke, Winkel.

suńńa nicht zugefrorene Stelle im Eise.

sur Stiefelschaft. Vergl. F. sääri.

śurịm Mustela vulgaris.

śurtaslem in die Erde kratzen, Furchen ziehen.

sūrt, s. sōres.

śurtịpsa Strich, Linie.

śurtlem Striche ziehen.

sūrtni, s. sōrtni. ●

sus Herbst; susịn im Herbst. F. syksy, syys.

sustalcm abgezehrt werden, dahin schwinden.

sut Schleifstein.

suv, s. sịv.

sügịr, s. śukar.

süṅ Wohlfahrt, Reichthüm, Glück.

    süṅ-alịn reich (adv.), im Wohlstandc.

sūnịṅ glücklich, angenehm.

sūs, sịs, s. śos.

sūsi hold, lieb.

sūs-kurek Huhn.

Š.

šaban, šeban Zauberoi; auch Zauberer, Schamane; š. verlem zaubern.

    šaban-verta-xo (Zaubcrei-machen-Mann) Zauberer, Schamane.

šagam, šaġam, šār Tabak.

    šagam-xịr Tabaksbeutel.

šägil Seehund (phoca vitulina).

šai Thee. R. чай.

    šai-put Theemaschine.

šakaltlem verderben.

šakịṅlem ersticken (intransit.).

šakịptalem ersticken (transit.).

šakmat Schachspiel; Damenspiel. R. шахматы.

šakmatịṅ gestreift.

šakmatlalem Schach oder Damenspiel spielen.

šal, šaľ Mitleid. R. жаль; š. verlem bedauern, Mitleid haben.

šalitlem bedauern, Mitleid haben. Vergl. sālitśalem.

šanḍ, šanš, šenš, šaš Rücken; s. pēla rechts.

    šanš-lōp Ruder.

    šanš-lōp-aṅkịl Ruderpflock.

    šanš-pōtlaṅ Hinterkopf.

šānš, šāš, šānš-ox Knie.

šaṅk Hitze.

    šaṅk-jiṅk (Hitze-Wasser) Schweiss.

šaṅkan Glocke. Syrj. žynjan.

    šaṅkan-xōt (Glocke-Haus) Glockthurm.

šaṅkimlajem, šaṅkmilem schwitzen.

šūr, s. šagam.

šāritlem braten. R. жарить.

šaš, s. šand.

  šaš-lou (Rückenpferd) Pferd zum Reiten.

  šaš-ur (Rückenstrich) die langen Haare im Pelzwerk.

šašjilalem, šašjmtlem zeigen.

šavīlem retten, erretten, erhalten, hüten.

  šavīta-xo Erretter, Erhalter, Bewahrer, Wächter.

  šavīśalem sich erhalten; gerettet werden.

šenš, s. šand.

šeṅk gross, schwer; (adv.) viel, sehr.

šeṅkemlajem, s. šaṅkimlajem.

šeṅk-jiṅk, s. šaṅk-jiṅk.

šenklalem, šeṅklem gross werden.

šepan, s. šaban.

šeplem saugen.

šešmaśalem sich ansiedeln.

šešmjltalem ansiedeln.

šigit Zunder.

šik, šikjů dick, dicht; Dickicht.

šīmil, šimil wenig; šimla verlem vermindern.

šimlammalem sich vermindern, abnehmen.

šimlamtalem, simlamtlem vermindern.

šīp steiles Ufer.

šitak still, stille, schweigend; š. jilem still werden, schweigen.

šitam heimlich; šitaman heimlich (adv.); stillschweigend.

šjtamlcm schweigen, stillschweigen.

šitlem erwerben.

šĮ, šjv Nebel; Staub.

šĮṅ nebelig.

šĮs, šĮt, s. šigit.

šoǵaślem, sogaslem Wittwer oder Wittwe sein; Waise sein; arm sein.

  šogaśta-xo, -nē Wittwer; Wittwe; arm.

šogaśtat Waise.

šogatillem sich quälen; leiden.

šogatlem quälen; kränken.

šoiljlem, šuilalem in's Wasser sinken, ertrinken.

šoiljptalem ertränken.

šoit Ruthe, Stange.

šŏit, šoit das ostjakische Zehend, das aber von 9 Stück besteht; Rubel. Vergl. sŏit.

šok Sorge, Betrübniss.

šoka Rebhuhn.

šokįń traurig, bedauernswürdig.

šömįx getrocknete Fische.

šoma gerade.

šomši-rįx schwarze Johannisbeere.

šomši-lant Waizenmehl.

šomši-laut-sem Waizen.

šoû, s. suń.

šoṅgot Puppe zum Andenken eines Verstorbenen.

šoṅšlem, šoṅšemalem mit dem Fusse stossen, ausschlagen.

šop Wahrheit; šop-alįn wahrhaftig (Adv.).

šop, s. šup.

šörįm Moor, Morast.

šošililem oft gehen, hin und her gehen.

šŏši Geburtsort, Heimat.

šŏšįmlem, šŏšįmtalem, šŏšįmtlem giessen; schütten.

šošlem, šušlem gehen, steigen, schreiten.

šour, s. sour.

šuxlem pfeifen.

šuxta-voi (pfeifen-Thier) Haselhuhn (tetrao bonasia).

šuilalem, s. šoilįlem.

šuilįptalem und šuitlcm versenken, begraben, ersäufen.

šuk Stück, Stückchen, Bissen, Krümchen; Noth, Plage. Vergleiche šok.

šuk-ńol (Krümchen-Pfeil) Hagel oder Schrot (zum Schiessen).

šuk-ńolpa-poškan Hagelflinte.

šūk Faulheit.

šukap Lärm, Geschrei.

šukaślem sich plagen, geplagt werden, schmachten.

šukatillem geplagt werden.

šukatlem brechen, zerbrechen; plagen. Vergl. šogatlem.

šukįń zerstückt.

šūkįń faul, träge.

šūklalem müssig gehen, faulenzen.

šūmįl, sŏmįl Kerbe.

šumįltalem sauer machen, säuern.

šumlem sauer werden.

šumĺiṅ-jux, somĺiṅ-jux Kerbstock.

šumim sauer.

šunš Floh.

šuṅgaślem hinten ausschlagen. Vergl. šouślem.

šup, šop die Hälfte (in die Quere); auch ein halber Stof;
    šuppa, šuppi quer, in die Quere; in zwei Theile.

šuš-xir Harnblase.

šušlem, s. šošlem.

šušmalem kommen, eintreten.

šutilem, s. śotsilem.

T.

taboltlem (Obd.), s. tapoltlem.

tagar Teppich aus Schilf oder Gras.

taġa Freund, Kamerad (beim Anreden).

taġa, taġi Ort, Platz, Stelle.

taġarlalem sich anhaken.

taġirtlem anhaken, zuknöpfen; zerdrücken.

taġitlem weiden lassen; hüten.

taxaś Bürste.

tāxit, taxti Rennthierfell (zum Bett); Bett.

taxlem, s. ťaklem.

taxti Theil, Theilchen.

tai, tī Wipfel; Ende; der obere Lauf eines Flusses.

tailem haben, besitzen, halten; ńauram t. erzeugen, gebären;
    vantman t. beobachten.

taiṅ zugespitzt.

taipsa Gebrauch. -

taitalem, s. tailem.
    taitata-xo Besitzer, Eigenthümer.

tāk fest, stark.

takamalem fest werden.

tākatlem, tākamtalem fest oder stark machen, befestigen.

tākil Büschel, Locken, Schopf.

ťaklem, ťakintlem werfen, von sich werfen, schiessen.

takĺiṅ kraus.

tal Winter; Jahr. F. tal-vi. Syrj. töl.
    tal-luṅ (Winter-Sommer) Jahr.

tal, s. talli.

talamlem leer werden.

talamtalem ausleeren.

talaṅ ganz, unverletzt.

tallem, tallalem ziehen, schleppen; rauchen (Tabak); schnupfen (Tabak); tögol t. mit Zugnetz fischen.

talli leer; talli mū oder tal mū Einöde, Wüste.

talluṅiṅ jährlich.

tänīlem (seine Tochter) verheirathen.

tanltlem ein Rennthierfell zu Sämisch bereiten.

täniš-keu Vitriol.

taṅgirtlem, taṅgirtalem, taṅṅartlem (Obd.) drücken, pressen, kneten.

taṅlem eingehen.

tapir Kehricht.

taplem irre gehen, sich verirren.

tapoltlem, taboltlem verlieren; drücken, pressen (?).

tära Kaulbarsch.

targentlem schütteln.

tarilem geschüttelt werden; zittern.

tärix Fischflosse.

tärim hart, rauh, zähe; geizig; t. vōt Sturm.

  tärim-sampa hartherzig.

tärimlem hinreichen.

tärinlalem sich bemühen.

tarip Köder, Lockspeise.

tarmatiṅ satt, gesättigt.

tarmatlem, tarmattalem erfüllen, befriedigen, genugthun.

tarni-är Hörensagen, Ueberlieferung.

taś fertig.

täś Heerde, Eigenthum, Vermögen, Waare.

täsjṅ reich, vermögend.

taśtalem, taśtilīlem fertig machen, zubereiten, versorgen.

taśtimat Vorrath.

tätti die jüngere Frau. Samojedisch.

tägü Welle.

tcittalem, tēkiptalem erfüllen, laden.

tēkanlem voll werden.

tēl, tēlī voll. F. täysi.

tēlalem laden, erfüllen.

tēliṅ voll; vielfassend.

tēltlem wiederholen.

tēmatlem, jiṅkna t. mit Wasser besprengen.

tĕmlem werfen.

tērmalem, tērmalalem eilen, sich beeilen; tērmata eilig, eilend.

tērmatlcm, tērmatīlem antreiben, beschleunigen.

teś Brei, Grütze (das russische Gericht толокпо).

tetpa, tetpa-pēlek Zügel.

tētta Herr, Hausherr.

teullem füllen, zustopfen.

teviṅ still, ruhig. F. tyven.

teviṅlalem still werden.

tevitim, tevtim Laus. F. täi.

tin Preis. F. hinta. Syrj. don.

tinaślem, tinislem handeln, Handel treiben, verkaufen.

    tinaśta-xōt Kaufladen.

tinīlem, tiniśalem verkaufen.

tinītat zum Verkauf, verkäuflich; Waare.

tiniṅ theuer.

    tiniṅ-keu (theurer Stein) Glas.

    tiniṅ-pordon (theure Arznei) Sassaparille.

    tiniṅ-tun (theure Koralle) Perle.

tinla, tinli (ohne Preis) billig.

tistam, s. sistam.

tistamtlem, s. sistamtlcm.

tit Ärmel. F. hiha, hia.

    tit-ou Mündung des Ärmels.

tītatlem mischen.

ti, s. tai.

tīġil, s. tul.

tīġol, tīġil Nest.

tīlem geboren werden, aufkommen, wachsen; taugen; ver t. sich ereignen; s. tailem.

tilis Mond, Monat. Syrj. tölyś. Folgende Namen der Monate hat der Verfasser aus drei verschiedenen Gegenden aufgezeichnet, wobei das Jahr als dreizehnmonatlich und der Herbst als Anfang des Jahres von den Ostjaken angenommen wurden. I. Tschemaschevo (100 Werst südlich von Beresov): 1. pōtta-tilis Frieren-Monat, 2. van-xatl-t. Monat der kurzen Tage, 3. as-xalta-t.

Monat des Sterbens des Ob*), 4. nīmel-t. Monat der Schneeschlittschuhe, 5. ai ker-t. der kleine Schneekrustenmonat, 6. un ker-t. der grosse Schneekrustenmonat, 7. kalt-uxti-t. Monat des Entenfanges (s. kalt-uxti), 8. lïbet-t. Laubmonat, 9. vuš-t. Monat des Coregonus nelma, 10. xuĺiń-kūt-t. Monat der Zwischenzeit der Fische (wo der Fischfang weniger ergiebig ist), 11. muxsań-t. Monat der Coregonusart Muksun, 12. śogor-t. Monat des Coregonus lavaretus, 13. suslańkịr-t. Herbstmonat. II. Beresov: 1. un sus-t. der grosse Herbstmonat, 2. van-xatl-t. Monat der kurzen Tage, 3. tal-t. Wintermonat, 4. kurịk-t. Adlermonat, 5. ai ker-t. der kleine Schneekrustenmonat, 6. un ker-t. der grosse Schneekrustenmonat, 7. vońs-t. Monat des Aufsteigens der Fische in die Flüsse, 8. lïbet-t. Laubmonat, 9. lör-t. Monat des Fischfanges in den Flussbuchten, 10. vont-lör-t. Monat des Fischfanges in den auf der höheren Seite belegenen Flussbuchten, 11. śogor-t. Monat des Coregonus lavaretus, 12. pōtta-t. Frierenmonat, 13. ai sus-t. der kleine Herbstmonat. III. Obdorsk: 1. pōtta- oder pōtti-t., 2. sus-t., 3. vanxatl-t., 4. kurịk-t., 5. vas-pora-t. Monat des Jahrmarktes (im Januar in Obdorsk), 6. ai ker-t., 7. ul (= un) ker-t., 8. souva-t. Monat des Thauwetters. 9. tovị-t. Frühlingsmonat, 10. ońs-t. (= vońs-t.), 11. ai lär-t. (lär = lör), 12. ul lär-t., 13. jugan-pōtti-t. Monat des Zufrierens der kleineren Flüsse. — In dem handschriftlichen Lexikon (s. die Vorrede) kommen folgende 12 Namen der Monate vor: Januar as-xalta-t. (s. die Bedeutung oben); Februar ut-partta-t. Monat der Besprechung des Jasak (Verabredung in Betreff der Steuern); März tovị-öĺiń-t. Monat des Anfanges des Frühlings, auch ai ker-t.; April un ker-t.; Mai joṅk-loĺịta-t. Monat des

---

*) Eine Eigenthümlichkeit einiger der grossen sibirischen Flüsse besteht darin, dass ihr Wasser nachdem sie im Herbst zugefroren, einen üblen Geruch und Geschmack bekommt, welche der Fisch flieht, indem er sich in die Nebenflüsse, in denen diese Erscheinung weniger oder gar nicht vorkommt, oder auch in's Meer begibt. Diesen Zustand des Wassers, der bis zum Eisgang im Frühjahr dauert, benennen sowohl die Ostjaken als die Russen das „Sterben" des Flusses (russisch замирание).

Eisschmelzens; Juni voṅs-t.; Juli luṅ-kūṯip-t. Monat der Mitte des Sommers; August mūri̯x-t. Monat des Rubus chamæmorus; September sus-ōḻiṅ-t. Monat des Anfanges des Herbstes; October as-pōtta-t. Monat des Frierens des Ob; November ämp-kur-t. Monat des Hundefusses, auch van-xatlap-t. der kurztagige Monat; December ut-ponta-t. Monat der Steuererlegung.

    ti̯lis-još (Mond-Arm) Mondschein.

    tīlis-laṅgi̯psa (Mond-Bedeckung) Mondfinsterniss.

ti̯lsi̯ṅ monatlich.

ti̯ltalem erzeugen.

ti̯tipsa Frucht.

tīm, ti̯vi̯m geboren; Geburt, Aufkommen.

    tīm-mū Vaterland.

    tīm-pora Geburtsstunde, Geburtszeit.

ti̯nśan Leine, womit die Rennthiere eingefangen werden.

tīpsa, tīṯipsa Geburt; Frucht.

ti̯s, s. ḻi̯s.

ti̯š Betrübniss, Kummer.

ti̯štalem trauern, bekümmert sein.

toba (Obd.) Huf.

tobi̯l-voš die Stadt Tobolsk.

toġatlem verlieren.

tōġi̯nlem zerrissen werden, reissen.

tōġol Flügel; Flosse (der Fische); Zugnetz; tōġolna jaṅxlem fliegen; tōġolna joġotlem wohin fliegen.

    tōġol-keu Senkstein (an einem Zugnetz).

    tōġol-ṅalik Häring (?).

    tōġol-podali Schwimmhölzchen (an einem Zugnetz).

tōġomlem beissen.

tōgorlem zuschliessen.

tox, s. ḻox.

toxḻi̯ṅ der Flügel hat, beflügelt.

    toxḻi̯ṅ-leṅgi̯r (beflügelte Maus) Fledermaus.

    toxḻi̯ṅ-tōri̯m (beflügelter Gott) Engel.

    toxḻi̯ṅ-voi (beflügeltes Thier) Vogel.

toxni̯ptalem reissen, zerreissen; unterbrechen.

toxti̯ṅ Colymbus cornutus.

    toxti̯ṅ-ri̯x, -vol Vaccinium uliginosum.

tōlem, tūlem holen, bringen, führen. F. tuon.

tōlīlem oft holen oder führen; leiten (ein Pferd).

tolmas Dolmetscher. R. толмачъ.

tolmastalem dolmetschen.

tolox-sän Pilz.

tolt Hülfe, Linderung, Hoffnung.

tondi, tonta Birkenrinde.

   tondi-ńol Maske aus Birkenrinde.

   tonta-xöt Zelt aus Birkenrinde.

topa Span.

topilem jucken.

toptax flach, platt.

tör, töra Kranich; die neunsaitige ostjakische Harfe, welche
die Gestalt eines Kranichs oder vielmehr eines Schwanes
hat und von den Russen desshalb лебедь (Schwan) genannt wird; sie heisst auch töröp-jux und töröpit-jux.
Vergl. tur. F. kur-ki. Syrj. turi.

toras Hinderniss.

torastalem hindern, verhindern.

torxiptalem schnauben.

torilem zittern.

   torita-xonsipsa das kalte Fieber.

torimalem anfangen zu zittern.

törix Lunge.

törim Gott; Himmel; Luft; ädim t. schlechtes Wetter.

   törim-xär (Himmel-Feld) Himmel.

   törim-xöräs Heiligenbild.

   törim-xöt Gotteshaus, Kirche.

   törimxöt-arita-xo Kirchensänger.

   törim-jiñk (Gott-Wasser) das heil. Abendmahl; t. jańs-
   lem das heil. Abendmahl geniessen.

   törim-kitta-xo (Gott-senden-Mann) Engel; Prophet.

   törim-kusi (Gott-Reif oder Bogen) Regenbogen.

   törim-levi (Gott-Diener) Engel.

   törim-ńań (Gott-Brod) Hostie, Oblate.

   törim-ńolġajux (Gott-Silbertanne) Regenbogen.

   törim-nübit (Gott-Zeit) Himmelreich.

   törim-öñx (Gott-Harz) Wachs.

   törim-söġol (Gott-Brett) Heiligenbild, -schrank.

   törim-taim-nĕ (Gott-geboren-Weib) Gottesmutter.

   törim-tut (Gott-Feuer) Blitz; Nordlicht.

   törim-vir-jink (Gott-Blut-Wasser) s. törim-jiñk.

   törim-voi (Gott-Thier), törim-siski (Gott-Vogel) Schwalbe.

tŏrịmlu ohne Gott, gottlos.

tŏrịn Gras. Syrj. turyn.

    tŏrịn-xār (Gras-Feld) Wiese.

    tŏrịn-xŏrpi grasfarbig, grün.

    tŏrịn-karti (Gras-Eisen), auch tŏrịn-sevịrta-karti (Gras-schneiden-Eisen) Sense.

    tŏrịn-kel (Gras-Strick) Schnur, aus Gras geflochten.

tŏrịp Lippe.

    tŏrịp-pun (Lippe-Haar) Schnurbart.

torla, tŏrla laut.

tŏrlịn deutlich.

tormịje, Dim. von tŏrịm.

tornịn, Adj. von tŏrịn.

    tŏrnịn-lant (Grasgetreide) Hafer.

tŏrŏp-jux, s. tŏr.

tortlcm, ox t. (die Haare) schneiden; tuš t. den Bart rasiren; pil t. eine Öffnung im Walde aushauen um durchfliegende Enten mittelst eines ausgespannten Netzes darin zu fangen; s. pil und kalt.

tovị Frühling; tovịna im Frühjahr. F. suvi.

tŏslem gebracht oder geholt werden.

tŏtlilem führen, bringen, tragen.

tsolkovị Silberrubel. R. чѣлковый.

tū, tuv See, Landsee. Syrj. ty.

    tū-xul (Landsee-Fisch) Karausche.

    tū-vasi (Landsee-Ente) Anas fuligula.

tūǵorlem, tūǵortlem zuschliessen, verchliessen; kauen.

tūǵorśalem sich schliessen.

tuxrīlem oft zuschliessen.

tuxrịm, Part. præt. von tūǵorlem.

tuxrịp Riegel.

tuxrịślem verschlossen werden, sich schliessen.

tuit Schlitten. Syrj. doid.

    tuit-kur (Schlitten-Fuss) Ständer (auf den Schlittenkufen).

    tuit-uš Schlittenbaum.

    tuit-tēl (Schlittenvoll), auch tujil Fuhre.

ćuk Birkentheer. R. дёготь.

tul Köcher.

tūlem, s. tŏlem.

tulịx Halsband oder loser Kragen aus Eichhornschwänzchen; auch Machetes pugnax.

tūlis Schilfrohr.

tulsiṅ, Adj. von tūlis; t. taǵa mit Schilfrohr bewachsene Stelle.

tultul Dummkopf.

tuluta Meissel. R. долото.

tuman Schloss; ai t. Schlüssel. Syrj. toman.

tumantlem verschliessen.

tuu (Obd.) Glaskorallen; ai t. und tiṇiṅ t. Perle.

tun Kaninchen.

tunel tovi, tuncl tov vergangenes Frühjahr, im vergangenen Frühjahr.

tuṅ gerade.

tuṅ-täk (gerade-stark) gesund, frisch und gesund.

tuṅk Moos.

tuṅkiṅ moosig, bemoost.

tuṅktalem mit Moos belegen oder zustopfen.

tupa, s. toba.

tūpiṅ letzt.

tupta, s. tuṅk.

tuptalem, s. tuṅktalem.

tur Kehle, Hals; Quelle. F. kur-kku.

tur-sī (Kehle-Laut) Stimme.

turiṅ mit Hals versehen.

turiṅ-keu-än Flasche.

turitlalem schnarchen.

turma, turma-xöt Gefängniss. R. тюрма.

turman Finsterniss.

turpa Röhre. R. труба.

tūrum, s. tōrim.

tūrum-xär, s. tōrim-xär.

tūrum-xūs, s. xūs.

tus tüchtig, gewandt, verständig.

tus-xo Meister, Kenner.

tuš Bart.

tušiṅ bärtig.

tut Feuer. F. tuli.

tut-jux Brennholz.

tut-karti Feuerstahl.

tut-keu Feuerstein.

tut-moš, tut-muš Fieber.

tus-sēlem, tut-sēm Funke.

tūt (Kond.) Mund. F. suu.

tutiń Adj. von tut.

   tutiń-xāp Dampfboot.

   tutiń-karti Brenneisen.

   tutiń-ńań kleiner Kuchen, in heisser Asche gebacken.

   tutiń-śāras, t.-śāris (Feuer-Meer) Hölle.

tutltalem nachjagen, einholen.

tuv, s. tu.

U.

ūgor Haken.

ūgormalem, ūgortlcm mit einem Haken fangen.

ūġil, s. ōġol.

ūġil-taxta Leinwand.

ux, s. ox.

uxti, s. oxti.

uit Wiese; uit, uit-pălek das linke niedrige Ufer des Ob.

   uit-ńol Landspitze der niedrigen oder Wiesenseite des Ob.

uitantlem begegnen.

uitim, uitimat gefunden; Fund.

uitipsa Wissen, Erkennen.

uitlajem gefunden werden, begegnet werden.

   uitta-xo, auch uśta-xo, bekannt.

uitlem, vitlem kennen, wissen, verstehen; finden.

uju Anas penelope.

ukā grobes Tuch; Bauerkittel.

uk-kel Zügel.

uksim widerlich, abscheulich; verflucht.

uksimtlem sich ekeln, verachten; Ekel verursachen (?). F. oksentaa.

ula freier Wille; Freiheit. R. воля.

ulăm Sache, Sachen; Kleidungsstück, Kleider.

ulas Schemel, Bank.

ulaś Hochmuth.

ulaślem sich brüsten, stolz sein.

ulem, s. vilem.

ūlem, s. uitlem.

ūlilalem, ullem, s. ōlilalem, ollem.

ulim Sein, Dasein.

   ulim-xatl, Plur. -xatlet Tage des Daseins, Zeit.

ūlim, s. ōlim.

ůlįm Ruf, Geschrei.

ulįpsa Sein, Leben.

ullalem oft sein.

ullem leben, sein. F. olla.

   ulta-xo Einwohner; Zeuge.

   ulta-ver Sachbestand; Zeugniss.

ůllem, s. ůtlem.

ulmaślem träumen, im Schlafe sprechen.

ulmīlem, s. olmīlem.

ultaxti, s. oba-taxta; s. auch ůģįl-taxta.

ultalem, s. oltalem.

ulti-xo, s. ulta-xo.

ulti-ver, s. ulta-ver.

ultįm Windel.

umlem schöpfen. F. amm-ennan.

ůmįs Vergnügen.

umpa, umpi Schöpfkelle.

umpįl Kinnbacken.

umsįṅ angenehm.

uɴ, ůn gross; älter. F. enä.

   un-xo (grosser Mann) Herr.

   un-imi Schwiegermutter (Mutter des Mannes).

   un jemįṅ-xatl (der grosse Feiertag) Ostern.

   un mūxāri-voi (das grosse Erdthier) auch un-leṅgir
      Maulwurf. Vergl. mį-xār-voi.

   un-pojar (grosser Bojar) Ispravnik (Kreishauptmann).

   un-vaš (grosser Bezirk) Gouvernement.

una Branntwein. R. вино.

unaṅ wunderbar.

undįr Magen; das Innere. Vergl. oɴdįr.

   undįr-podali Niere.

   undįr-puš Durchfall, Diarrhoe.

unḍa-xatl Vorabend (eines Feiertages).

unḍi Kiefer.

unḍilem, unḍlem, unšlem, vunšlem, ušlem übergehen (einen
   Fluss). Syrj. vudžny.

unḍiptalem überführen.

ůnltalem, s. ůntltalem.

ůnltīta-xo, s. ůntltīta-xo.

ůnltįpsa Lehren, Unterricht.

unš, unš, uš, s. vunḍ.

unt Bauch.

    unt-lipi Magen.

ünt, vōnt Wald; das rechte steile Ufer der Flüsse, welches auch ünt-pälck heisst.

    ünt-ńol Landspitze oder Vorgebirge des steilen Ufers.

    ünt-ur das feste Land auf dem rechten steilen Ufer; Kieferwald.

üntįń waldig.

üntįp-imi, s. öntįp-imi.

uńtįpsa Lösung, Lösungswort eines Räthsels.

uńtlem errathen, auflösen (ein Räthsel).

üntlem, üntlśalem sich gewöhnen, lernen.

uńtliśalem sich erretten, errettet werden.

üntltalem gewöhnen, lehren, rathen.

    üntltata-xo Lehrer.

    üntltata-xōt Schule.

üntltīlem und ünltīsalem lernen.

    üntltīta-xo, -ńauram Schüler.

uńx Mündung (eines Flusses).

uńńįl, uńgįl Mund; Öffnung, Höhlung.

    uńńįl-karti Gebiss.

uńńįlla (ohne Mund) stumm.

uńlįń Adj. von uńńįl; u. jux hohler Baum.

uńti, s. ońti.

up Schwiegervater (Vater des Weibes). F. appi.

    up-imi Schwiegermutter (Mutter des Weibes).

    up-ńauram Schwiegersohn; Schwager (des Mannes Bruder).

üpįt, übįt Haupthaar. F. hivus.

uptįń haarig, hären.

ur, s. vor und or.

ur Linie, Strich.

ūr, s. vōr.

ûr, s. ûrt.

urä Zwist, Streit; uräna mit Mühe, kaum.

urańń trotzig, störrig.

uralmalem aufmerken, wahrnehmen.

uräm Erdwall.

urt, ort (Obd.) Mond, Monat.

ürt, ûr Herr, Edelmann; der König (der Spielkarten); Freiwerber.

ûrtįlem Freiwerber sein.

ûrtjm-nĕ Brant.

ûrtjṅ den Herren gehörig.

uś, oś, voṅs das erste Aufsteigen der Fische vom Meere in die Flüsse.

uś, viś Fasten; uśa pitlem anfangen zu fasten, fasten; uś ver- lem, uś tailem fasten. Syrj. vidz Gesundheit; Fasten.

uśa-pitjm-ver Fasten.

uśa, viśa: Gruss beim Begegnen oder Eintritt in ein Haus; u. verlem grüssen. Antwort: uśa oder viśa ula sei ge- grüsst!

uśantlem, jeśalt u. begegnen (?).

ûsemalem ein Mal gähnen.

usīlem, uslem schwimmen.

usjptalem, s. vjsjtlem.

usjtīlem versengen.

ûsjtlalem gähnen.

uśkuv, vuśkuv Kirche. Syrj. vitśko. R. церковь.

uślem, s. uitlem.

uśltīlem fasten.

uśltjm Fasten.

ustinja-xatl Mariä Himmelfahrt (15. August). R. успсніе.

uš, s. unš.

uš Gränze.

uš Birkenschwamm.

uš-pōgol ein Klumpen oder ein Stück Birkenschwamm.

ušīlem schaben, hobeln.

ūšjm, vōšjm eine Art Fischreuse, welche die Russen важанъ nennen.

ušlem untergehen, sterben. Syrj. vošny.

ušnuš, s. isni.

uštalem verlieren.

ût, s. ōt.

ūtlem, ûllem, ūlem, ûvjlem schreien, brüllen, wiehern. F. huutaa.

ûtljp, s. votljp.

utśelem, utśemalem, s. vitśalem.

ûv, û Geschrei.

ûvemalem aufschreien.

ûvjṅ schreiend, Schreihals.

ūvjtlem, s. ütlem.

V.

vaxlem (Obd.), s. voxlem.

vai ostjakischer Stiefel; seum v. Strümpfe; s. sevlem.

vai-kuš Fussbekleidung.

> vai-kuš-jontta-xo (Fussbekleidung-nähen-Mann) Schuster.

> vai-kuš-jontta-kel (Fussbekleidung-nähen-Strick) Pech-
> draht.

vaila-kurįń baarfüssig.

vaľśam, valsēm Span.

van kurz, nahe; vanna und vanįn nahe (adv.).

> van-xo (naher Mann) Nächster.

> van-pōlįn (kurzer Hanf) Flachs.

vanna-taitata-xo (nahe-besitzender-Mann) Nachbar.

vanamalem, vanamlem sich nähern.

vanamtlem nähern.

vanḍi Gras.

> vanḍi-voi Heuschreckengrille.

vanltīśalem sich zeigen.

vańslem aufschlitzen, spalten.

vańtiślem zuschneiden.

vantįltalem hinführen, zuführen; leiten (einen Blinden, ein
Pferd).

vantlem sehen; vantman tailem beobachten.

vańgimlem straucheln, stolpern.

vanxlem waten; kriechen.

vanxrįp, vankrįp Krücke; Ofenkrücke.

vankilalem kriechen.

vankįlmalem stammeln, stottern.

varas Zweig, Laub, Ruthe; Strauch; Haar.

> varas-xatl (Laub-Tag) Pfingsten.

> varas-labas Laubhütte.

vāras Schlinge.

vas (Obd.), s. voš.

vaś eng, schmal, dünn, fein.

> vaś-xuv-ān (schmales langes Geschirr) länglicher Trog.

> vaś-lant (feines Getreide) Hafer.

> vaś-nori (schmale Bank) Schemel, lose (nicht wandfeste)
> Bank.

vasa, vasi Ente (anas boschas).

vaśkīlem streicheln, glätten.

vaślem spalten, spleissen, schneiden.

vaš Distrikt, Bezirk.

vat Fussriemen an Schneeschlittschuhen.

vat, s. vot.

vātem-ox grauköpfig. Vergl. votim.

vatlem kosten, versuchen.

vatltalem die Schneeschlittschuhe anthun.

vātltalem, s. võtltalem.

vei Stärke, Kraft; Macht; Stiel, Heft. F. voi-ma. Syrj. vug.

veila, veili (ohne Kraft) kraftlos, schwach; v. jilem müde werden.

vein stark, kräftig; mächtig.

velim Tödten, Todtschlag; auch: das Getödtete, Fang.

vēlim Mark. F. ytime.

vel-xo, vela-xo unverheiratheter Mann, Junggeselle.

vellem, vellilem (frequ.) fangen; erschlagen, umbringen, tödten.

    velta-xo Mörder.

velmiń markig, fett, stark.

vel-nē unverheirathetes Frauenzimmer.

velpas Fang.

    velpas-ulām Geräth Thiere zu fangen; Waffe.

velpastalem, velpaslalem mit Geräth fangen.

vend, venš, vens, s. veš.

ventśatilem sich trauen, getraut werden. R. вѣнчаться.

ventśattalem trauen. R. вѣнчать.

veń Schwiegersohn. F. vävy.

    veń-xo Bräutigam.

ver Arbeit, Geschäft, Angelegenheit, Thun, Sache.

veramlem überwinden, überwältigen.

veranlem erzählen.

verek Niere.

verilīlem oft machen.

verjtlem erdulden, ertragen; vermögen.

vērjtlajem erwachen.

verla (ohne Thun) unschuldig.

verlem, verlalem machen, arbeiten, verrichten.

verśalem gemacht werden, werden.

versta, veresta Werste. R. верста.

veśkat treu, getreu; ehrlich; gerecht; wahrhaft. Syrj. veśkyd.

veśkatla ungerecht.

veš, venš, vend Gesicht, Schnauze.

    veš-lox, veš-pōtlaṅ Stiru, Vorderkopf.

    veš-muṅgip (Gesicht-Wisch) Handtuch.

    veš-pūṅgiḷ (Gesicht-Seite) Wange.

    veš-vantta-keu, veš-vantta-vox (Gesicht-sehen-Stein, resp. Metall) auch veš-vantat Spiegel.

vetra Eimer, Vedró (russ. Mass).

    vetra-šup ein halbes Vedró.

vēt-sēm (Fünf-Auge) die Fünfe (in den Karten).

vēt-vox Fünfkopekenstück.

vina, vuna, s. una.

    vina-rịx (Wein-Beere) Traube.

viś, s. uś.

viśa, s. uśa.

viśat Fasten.

viśatlem, viślalem fasten.

vitlem, s. uitlem.

vitśalem, utśelem gesonnen sein, Willens sein, wünschen, wollen.

vịlem nehmen; imija v. zur Frau nehmen, heirathen; poġem nēna v. ich verheirathe meinen Sohn.

vịli, vịla, vuḷa Rennthier.

    vịli-porta-voi (Rennthier-beissen-Thier) Wolf.

    vịli-tāġitta-xo (Rennthier-hüten-Mann) Hirt.

vịṅ Morast, Tundre.

vịpsa Nehmen.

vịr Blut. F. veri. Syrj. vir.

    vịr-maḷ (Blutbeere) rothe Johannisbeere (Kond.).

    vịr-manịpsa Blutgang.

vịrịṅ blutig.

vịrti roth.

    vịrti-moš (rothe Krankheit) Rothlauf.

    vịrti-oxšamịṅ mit einem rothen Kopftuch versehen.

    vịrti-rịx (rothe Beere) Preisselbeere (vaccinium vitis idæa).

    vịrti-tušịṅ der einen rothen Bart hat.

    vịrti-vox, -ox (rothes Metall) Kupfer.

vịs Loch.

vịśalem genommen werden.

vịsil schlechte Schlittenbahn.

vịsịṅ löcherig, gelöchert.

vịsịń-xon oder -xịn, -xońsịpsn die Blattern.

vịsịń-pōtlań (der einen löcherigen Kopf hat) Delphin.

vịsịtlem anzünden.

vịšvịš-nē Turdus.

vịt Ufer, Strand. Vergl. uit.

vịtat Breite, Geräumigkeit.

vịtịń breit, geräumig.

vịtselem und vịtsịtalem, ь. vitśalcm.

vịvemalem, s. ūvemalcm.

vobi-nē Frosch.

voġotlem, ila v. sich senken, hinabklettern.

voġoltalem ablassen, senken.

vox, ox Metall; Kopeke; Geld. F. vas-ki.

vox-pēlak Halbkopeke; Heller (Matth. 5. 26).

voxemlem ein Mal rufen.

voxetilem oft rufen.

voxịń grau.

voxlem rufen, fordern, bitten.

voxlịlīlem sich hinablassen.

voxsar, oxsar Fuchs.

voi Fett, Talg, Speck, Butter. F. voi. Syrj. vyi.

voi-lēta-lābit (Fett-essen-Woche) Butterwoche.

voi-verta-nal (Fett-machen-Stiel) Rührholz zum Fisch-
fettkochen.

voi Thier.

voi-xul, voi-xol (Thier-Fisch) Vieh, die Thiere.

voiań fett.

voijemlem, voijemtlajem einschlafen; schlafen.

voijemtlem einschläfern.

vol Stelle, Platz.

volīlem glänzen.

vōlịx schlüpfrige Stelle, schlüpfriger Weg.

volịlem aufhören, stehen bleiben.

volịtlem aufhalten, abhalten, hemmen.

volkịmtīlem gleiten.

volkịń schlüpfrig.

volla ganz, gänzlich; v. ant gar nicht; v. vcrlem vertilgen.
vernichten. Vergl. vol.

vollem leben, sein; vergl. ullem.

volpas Leben.

volśam Span, Hobelspan. Vergl. valśam.

voltip Schabeisen, Hobel.

voltlem hobeln. F. vuolen.

vondir, ondir Otter.

voṅxa-sēm schieläugig.

voṅs, s. uś.

voṅsip Körbchen aus Birkenrinde.

vōnt, s. ünt.

vöntil Span.

voútlem pflücken.

voṅgemalem anfangen zu behauen.

voṅgililem oft behauen.

voṅxlem behauen.

vor Kieferwald; vergl. or.

vōr, īr Ursache.

vōrip, ūrip eine Art zona aus Leder oder Birkenrinde, welche
die ostjakischen Weiber über den Geschlechtstheilen
tragen.

vorga, vorjṅga, vorṅa Krähe.

vorlalem glänzen.

vorśem, s. vośrem.

vorš eine Art Habicht (Falco peregrinus?)

vortaślem sich drängen.

vosiklem peitschen, prügeln.

vositlem, vosijiptalem räuchern.

voskar Warze.

voślax Schlamm.

voślem, s. uitlem.

vośṅa der kleine Finger.

vośrem, vorśem Galle.

vośrem-xōrpa (gallenfärbig) gelb.

vośremiṅ bitter, sauer.

vosta, vosti grün; himmelblau; gelb.

vosta-vox Kupfer.

vostanlem grün werden, gelb werden.

voš, auch vas, Stadt.

voš-xār (Stadt-Feld) Markt.

voš-xo (Stadt-Mann) Kaufmann.

vōš-xuli (Stadt-Öffnung) Strasse.

voš-tēl (Stadtvoll) die Einwohnerschaft einer Stadt.

vošatim Fortjagen, Austreibung.

vošatlem, vošatīlem (frequ.) treiben, austreiben, nöthigen.

158

vōšįm, s. ūšįm.

vošįṅ zur Stadt gehörig.

    vošįṅ-xo Städter.

    vošįṅ-kanaś (Stadtfürst) Stadthauptmann.

vošįtlem fegen, kehren.

voštalem, s. uštalem.

vot, vat und vōt, vāt Wind; xoleut-v. Ostwind, num-xoleut Südosten (bei den sibirischen Russen шалоинкъ), num und xatl-sui Süden, xatl-sui auch num-keu-ōlįn (Obd.) Südwesten (R. обѣдникъ), keu Westen, ous-keu Nordwesten (R. глубникъ), ous und ṇim Norden.

    vot-voi (Wind-Thier) Wetterfahne, Wimpel.

votamtīlem sich lehnen, sich stützen.

votamtįm-jux Stütze.

votās Sturm; Schneegestöber.

votįm grau; welk.

votjex glatt, eben; schlüpfrig. Vergl. vōlįx.

votlajem, votlem welken, verwelken; grau werden.

votlalem hobeln.

votlip feine Hobelspäne, womit man beim Essen Hände und Mund abwischt.

vōtltalem, vōttalem lüften, auslüften.

vuilem, s. vįlem.

vuli, s, vįli.

vuna, s. vina.

vunḍ, vuš, unš, uns, uš Nelma (coregonus nelma). Syrj. utš.

vunįp Schifferhaken.

vunšlem, s. unḍilem.

vuratilem, vuratillem reissen, zerrissen werden; hartnäckig sein.

vurek Kreuz (Körpertheil).

vuratlem sich bemühen, sich anstrengen.

vurti, s. vįrti.

vusįṅ mit Wunden bedeckt. Vergl. visįṅ.

    vusįṅ-kärįṅ mit Wunden und Schorf bedeckt.

vuśkuv, s. uśkuv.

vustalem sich besinnen, denken, wollen.

vušar Wirbel (in einem Strome).

vušmaselem beneiden.

Deutsches Register.

Gestell, um Fische zu trocknen
112.
gestohlen 98.
gestorben 69.
gestreift 82. 138.
gesund 78. 81. 148.
Gesundheit 152.
getauft werden 99.
getauscht werden 119.
Getränk 78.
getraut werden 154.
Getreide 95.
getreu 154.
Gevatter 91.
gewärmt werden 92.
gewandt 148.
Gewicht 124.
Gewinn 85. 118.
Gewitter 117.
Gewitterwolke 117.
gewöhnen 151.
gewöhnen, sich 151.
gewöhnlich 76.
gezwungen werden 80.
giessen 140.
Gift 123.
Gipfel 112. 113.
glänzen 106. 137. 156. 157.
glätten 117. 153.
Glanz 106.
Glas 77. 81. 91. 143.
Glaskorallen 63. 129. 148.
glatt 117. 158.
Glaube 68.
glauben 68.
glauben machen 68.
gleich 73. 76. 91. 130.
gleiten 94. 109. 112. 156.
Glied 106.
glitschen 109.
Glück 114. 138.
glüchlich 114. 138.
glühend machen 92.
Glocke 138.
Glockthurm 138.
Gnade 133.
Götze 99.
Götzenbild 99.
Gold 130. 136.

Gott 146.
Gott sei Dank! 119.
Gottesacker 68. 82.
Gotteshaus 146.
Gottesmutter 146.
gottlos 147.
Gouvernement 150.
Grab 68. 94.
graben 71. 87.
Gränze 82. 152.
Gram 87.
Grape 89.
Gras 125. 147. 153.
grasfarbig 147.
grau 156. 158.
grau werden 158.
grauköpfig 154.
Graupe 92. 95. 131.
grausam 118.
greifen 86. 88. 91.
Greiner 131.
Greis 76. 114.
Griff, eines Messers 89.
Griff, an der Thür 116.
Grösse 100. 117.
gross 100. 113. 139. 150.
gross werden 139.
Grossmutter 65. 77. 130.
grosssprechen 77.
Grossvater 66. 82. 113. 130.
Grube 94. 115.
grün 147. 157.
grün werden 157.
grüssen 152.
Grütze 95. 131. 136. 143.
Gruss 81. 117. 152.
Gürtel 65.
gürten, sich 65.
Gulo borealis 98.
gut 78.
Gut 114.
gut machen 78.
gut werden 78.
gutgeheissen 97.
gutherzig 97.
Gutherzigkeit 78.

Puppe 64.
Puppe zum Andenken eines Verstorbenen 140.
putzen 73.

quälen 83. 139.
quälen, sich 139.
Quappe 118.
Quecksilbersublimat 137.
Quelle 81. 148.
quer 141.
Querbalken zwischen den Schlittenständern 113.
Quere, in die 84. 141.

Rabe 72.
Rache nehmen 113.
rächen 113.
Räthsel 64. 105.
Räthsel aufgeben 105.
Räuber 73.
räuchern 126. 157.
Räude 85.
räudig 85.
Rand 82. 121. 123. 134.
rasiren, den Bart 96. 147.
Rasirmesser 96.
rathen 151.
rauben 83. 122.
Rauch 126.
rauchen 142.
Rauchfang 74. 125. 135.
rauh 142.
Raum 65.
Raum voran 79.
Raum unter einer wandfesten Bank 111.
Rausch 92.
Rebhuhn 140.
Reche 91.
rechen 71. 91. 126.
recht 126.
rechts 138.
Rede 78. 124.
Reden 124.

Regen 80. 83.
Regenbogen 146.
regnen 80.
reiben 68. 109.
Reich 69.
reich 138. 142.
Reichthum 138.
reif 79.
Reif 92. 99. 107. 124.
reifen 80.
reifen machen 80.
Reihe 102.
Reihe, nach der 102.
rein 131. 133.
reinherzig 133.
reinigen 106. 133.
reinigen, sich 133.
Reisegefährte 118.
reisen 77.
Reisesack 64.
reissen 101. 145. 158.
reizen 69. 136.
Rennthier 73. 85. 155.
Rennthier, wildes 115.
Rennthierfell 141.
Rennthierkalb 120.
Rennthierkalb, halbjähriges 109.
Rennthierkuh, einjährige 134.
Rennthiermoos 112.
Rennthierochs 73.
Rennthierweibchen 108.
Rennthierweibchen, zweijähriges 111.
Rest 71.
retten 134. 139.
Reue 85.
reuen, sich 112.
richten 137.
Richter 137.
riechen 66. 67.
riechend 67.
Riegel 79. 147.
Riemen 112.
rieseln 106.
Rinde 86.
Ring 93.
ringen 80. 136.
Ringfinger 100. 108.
rinnen 72.

185

schwach 154.
schwach werden 94.
schwächen 98.
Schwägerin 65. 89. 116.
schwätzen 137.
Schwätzer 124.
Schwager 89. 96. 151.
Schwalbe 88. 130. 146.
Schwamm 123. 129.
Schwan 74.
schwanken 110.
Schwanz 97. 124.
Schwarm wilder Enten oder Gänse
    100. 117.
schwarz 121.
schwarz werden 72.
schwatzen 128.
schweben 98.
Schwefel 77.
Schweif 97. 124.
schweigen 139.
Schwein 123.
Schweineheerde 126.
Schweiss 138.
Schwelle 116.
schwellen 116.
schwer 94. 95. 134. 139.
Schwert 64. 132.
Schwester 80. 82.
    „ ältere 115.
    „ jüngere 65.
Schwestertochter 66.
Schwiegermutter 115. 150. 151.
Schwiegersohn 151. 154.
Schwiegertochter 102.
Schwiegervater 76. 115. 151.
Schwierigkeit 94.
Schwimmblase 72.
schwimmen 111. 119. 152.
schwimmen lassen 111. 119.
Schwimmhölzchen 145.
schwinden 138.
schwingen 84. 127.
schwitzen 139.
schwören 105. 111.
Schwur 111.
Sciurus striatus 90. 92.
See 101. 147.
Seehund 138.

Segel 118.
Segel, steinernes 89.
segnen 96.
sehen 85. 153.
Sehne 99.
sehr 139.
seicht 136.
Seide 80. 86.
seiend 85.
Seife 93. 104.
sein 150. 156.
Sein 149. 150.
Seite 74. 82. 119. 126. 132.
Seite, die rechte 78. 81.
    „ die linke 119.
    „ die hintere 84.
    „ obere 110.
Seitenarm eines Flusses 124.
selber 84.
selten 70. 104.
selten werden 70.
Semmel 85.
senden 90.
senken 156.
senken, sich 156.
Senkstein 145.
Sense 126. 147.
setzen 76. 94. 99. 115. 122.
setzen, sich 76. 114.
Setzen 115.
Seuche 69. 71.
seufzen 95.
Shawl 114.
sichtlich 110.
sichtlich sein 109.
sieden 88.
sieden machen 88.
Silber 108. 131.
Silberrubel 147.
Silbertanne 111.
singen 66. 94.
sinken 121.
    „ in's Wasser 139.
Sinn 111.
Sitte 117. 133.
sitzen 114.
Sklave 116.
Sklavin 97. 116.
Sohn 121.

Berichtigungen.

S.	23	Z.	12	von unten	steht:	Krankeit	lies:	Krankheit
„	65	„	19	„ „	„	Stam	„	Stamm
„	70	„	17	von oben	„	kracken	„	krachen
„	78	„	12	„ „	„	Barmherzigkeit	„	barmherzig
„	88	„	9	von unten	„	zauben	„	zaubern
„	106	„	8	von oben	„	strömmen	„	strömen
„	119	„	5	von unten	„	schwimmmen	„	schwimmen
„	119	„	6	„ „	„	schmimmen	„	schwimmen
„	129	„	3	„ „	„	Pilze	„	Pilz

Einzusetzen sind:

S. 177 Sp. 2 Z. 14: Machetes pugnax 147.
„ 181 „ 2 „ 3: Regierung 70.
„ 181 „ 2 „ 21: reissen 115.
„ 181 „ 2 „ 22: reissend 116.